なでしこの父

阿部 由晴
常盤木学園高校サッカー部監督

HS

第1章　常盤木バスの夜　4
第2章　常盤木式　26
第3章　常盤木育ち　72

第4章　阿部由晴の原点――92
第5章　なでしこが咲き続けるために――110
第6章　時代を担うマザー・テレサたちへ――136

第1章 常盤木バスの夜

3・11

2011年3月11日14時46分。

そのとき、私は職員室にいました。学年末テストが終わった日でサッカー部のみんなは寮にいたはずです。そろそろ練習に行こうか、なんていうときでした。

ドーッンと大きく揺れました。

これまでに経験したことがないほど強くて、長い揺れでした。

揺れの最中、キャプテンの鈴木里奈（現・浦和レッドダイヤモンズレディース）から電話が入りました。「先生。すごい地震ですけど……」。私は寮が倒壊する危険があると思い、「寮からみんなを外に出せ」と電話越しに指示しました。

ところがそのときすでに寮の部屋の一部は、廊下のロッカーから飛び出た荷物などでふさがり開かなくなっていたようです。でも、それが結果的にはよかった。

立て続けに揺れが起きる中、みんなは外へ出られずに寮の中にいました。このとき玄関の上のガラスが揺れに耐えきれずに割れて落ちてきました。
割れたガラスの上を慌てて避難したとしたらサッカー選手としては致命的な大ケガをしていたでしょう。タイミング悪くガラスの下敷きになっていたとしたらそれこそ生命を失っていたかもしれない。そう思うとぞっとしました。

学校内に残っている生徒を校庭に集め安否を確認した後、私は、サッカー部員のことが心配だったので副校長に「これから寮にいってきます」と告げて車に飛び乗りました。

ところがひどい渋滞。

いつもなら寮まで5分もあれば着きますが、車がまったく動かなくなりました。私はいつもとは違う裏道を抜けて、寮の近くまで出ました。そばの駐車場に車を置いて寮まで走っていき、ようやく全員の無事が確認できました。すーっと心のざわつきが治まっていきました。

学校の方は水漏れなんかの被害もありましたが、第二避難所ということで次から次へと避難者がやって来ました。そのケアがあったので、震災当日から自転車で学校と寮の往復を繰り返していたことを覚えています。

地震の影響で電気が止まり、情報もまともに入ってきませんでした。携帯電話のバッテリーもすぐに切れてしまいました。でも、心配ない。うちの寮にはバスがありました。遠征や練習の送り迎えに使うバスが2台あります。コンセントを設置してあるので、エンジンをかければ携帯電話の充電ができる。テレビだって映る。そのときはガソリンが街じゅうからなくなってしまうとは想像もしていなかったから、1日目はずっとエンジンをかけっぱなしにして過ごしました。

幸い寮ではガスもトイレも使えました。高置水槽だから、トイレはとりあえず溜まっていた分だけ水が使えたのです。ガスはプロパンのため、安全装置を解除すれば使えました。そのおかげでご飯を炊くことができました。近所の方々にも、粗食ですがごちそうできました。中にはうちが避難所だと思っていた人もいたそうです。

震災当日はバスで仮眠を取りました。部員たちだけではなく、近所の人たちや勉強合宿から帰仙してきた一般生徒たちもバスに入れて、「どうなるかな」とテレビを見守りながら一晩過ごしました。

私たちの心の支えは、みんなが一緒にいるということでした。ひとまずは無傷で、元気もありました。

「みんなを困らせることはしない、オレが責任を持ってご飯だけは食べさせる」。疲れと興奮が交互に押し寄せるまどろみの中で、私はそう誓いました。

次の日の朝、バスの中でテレビを見ていると、一人の生徒がつぶやきました。

「先生、私の家が燃えています」。

気仙沼の子でした。前日は避難のお世話で私自身も半ばパニック状態でしたが、このときに初めて、ことの大きさに気づきました。

「なんかしなけりゃ」の空回り

部員全員の家族の安否が確認できたのは地震から4日後でした。

中には弟と連絡がつかなくなった生徒がいました。「津波の方に行くのを見た」という間違った情報が先に流れて、「津波にのまれたんじゃないか」とむせび泣いていました。幸い、あとから無事であることがわかりました。

母親と連絡が取れない生徒もいました。彼女の母親は岩手県の大槌《おおつち》の海岸線にある保育所に勤めていました。何度携帯をかけてもつながらず、オロオロ泣いていました。

私と同じ阿部という姓だったので「大丈夫。同じ名字なんだから私の養子になればいい」なんて冗談交じりに慰めました。

でも、半分は本気でした。「よし、いいや」と腹をくくりました。「万が一、生徒の親御さんが亡くなったときは、オレの娘だからな」。女房にもそう言いました。「大学の費用やらなんやらかかるけど、気にするな。なんとかなるさ」って。そうしたら女房も「そうだね」とうなずいていました。

結局、4日経って母親の無事が確認できました。地震のときに高台に逃れ、避難所にいたそうです。父親も無事でした。その代わり、実家は流されてしまったという話でした。

その間も学校が避難所になっていたので、片付けや被災者のケアのために学校と寮を何度も往復しました。学校にはサッカー部の生徒たちも応援に来てくれました。「家族と連絡が取れていない生徒は来なくていいぞ」と言っているのに、親族の安否が分からない生徒まで来ました。なんでだろう、と考えたらね。自分たちは無事だから、何かしなくちゃいけないと思い始めていたんですね。

あのときは国民みんなが「何かしなくちゃいけない」、そう思ったんじゃないでしょうか。

被災地のボランティアに行きたいという子もいました。

でも、私の考えは別でした。

被災地に連れて行ったら大変なことになる。彼女たちはまだ十六、七の女の子です。精神的なショックというのは並大抵のものじゃないでしょう。それだけは経験させてはいけないと思いました。

私自身も宮城の出で、県内にはたくさんの知人がいます。名取市の閖上《ゆりあげ》も親しみのある場所のひとつでした。それが、テレビを見ると何もなくなっていた。見ていて不思議な気持ちになりました。私自身の心の中には、震災前の〝そのまま〟の状態の感覚しかないんです。その惨状を見たときに、自分自身の何かがおかしくなっていくのがわかりました。だから、あえて生徒たちには惨状を見せたくないという気持ちが働きました。

いろいろな考え方があると思います。でも、それが、そのときの私の正直な思いでした。

そのうちに、寮にあった食べ物のストックも底をついてきて、買い物に行かなくてはいけなくなりました。とはいえ商店も被災者です。流通もズタズタで、多くの店がまだ店を開けられない状態でした。

ところが私が行くと、「先生が来たから」といって店にあった物を売ってくれるんです。私も有名になったなぁ、なんて最初はいい気になっていましたが、ふと我に返りました。こんなことをしてはダメだ。ほかにも物を必要としている人が待っているんです。お店の人は、私が生徒を抱えていることを知って親切に物を分けてくれようとしているけれど、本質的には迷惑な話なんだ。私は、この子たちのためになんとかせねばと思うけれど、その行為自体が迷惑なんだ……。

ちょうどそのとき、山中湖に保養所を持っている生徒の親が「みんな、山中湖に避難したら」と申し出てくれました。でも、そこまでたどり着くためのガソリン（軽油）がありません。すると、途中までガソリン（軽油）を持ってきてくれると言います。それで、山中湖での合宿を決めました。

もちろん、迷いもありました。

明日はどうなるのかまったくわからない状態のいま、サッカーのことなんか考えていいの？　そういう気持ちもありました。

迷いを吹き飛ばしたのは校長の言葉でした。

震災から週末を挟んだ3月14日、後片付けが一段落したところで、松良千廣校長が職員を集めて話しました。「明日から当面、22日まで学校は休校とします。職員も復興に向けてがんばってください」。そしてそのあとに、「ただし部活は、できるんだったらしてもいいぞ」という言葉を残しました。

え、この状況でも部活をしていいの？　正直、聞いたときは驚きました。

でも、この言葉に救われました。

3・11から4・10へ

テレビをつければ「がんばれ」「がんばれ」と繰り返します。

そんな言葉を何度も聞いているうちに、だんだん腹が立ってきました。

がんばれって何？　それにしても、なんでこんなに腹が立つの？　そう考えて、がんばれという言葉の意味を突き詰めていったとき、ようやくわかったんです。がんばれの本質は、本分をまっとうしろということだと。

じゃあ、本分とは一体何だろう。

学生の本分といえば、まず勉強があります。でも、それだけでは不十分なんです。放課後の活動も本分です。勉強と放課後の活動、このふたつがセットで学生の本分なんです。

塾に行って自分を高める、部活をする、あるいは帰宅部もそのひとつかもしれません。あわせて自分自身の価値なんです。

たとえ、学生時代に部活をしていなかったから就職ができなかった、なんて振り返ることがあったとしても、それに対して文句をいうべきではありません。それは、放課後の活動をまっとうしなかったということです。

　また、社会人には社会人の本分があります。社会人の本分は、自分の仕事を通して他人の幸せのために尽くすことでしょう。他人の幸せではなく、自分自身の幸せのためだけに仕事をする人は、社会人の本分をまっとうしているとはいえません。そういう人は仕事で何かあったときに文句をいいます。なぜなら、本分をまっとうしていないからです。

　本分をまっとうしていない人には「がんばれ」という言葉が鬱陶しく響きます。自分のためだけを考えているから、他人から干渉されているように感じて腹が立ちます。本分を理解していなければ、何をどうがんばったらいいのかという意味すらわからないはずです。

　学生だって同じです。勉強をしない、放課後の活動をしない。本分をまっとうできずにいるから「がんばれ」という言葉が鬱陶しくなります。さらに「自粛」「自粛」といわれるなかで、本分に傾注するはずのエネルギーの行き場がないから、もやもやとした感情だけが残るのです。

　私たちはまさにそんな状態でした。

だから私は言いました。「教科書が開けるだろう。いま勉強しなくてどうするんだ。サッカーボールを出せ。いま部活をしなくてどうするんだ。私たちにいまできることは勉強とサッカーしかないんだ」。そんなハッパを掛けたようなことを覚えています。

山中湖へはただ避難するだけじゃいけない。私たちのチームの方向性を決める大事なキャンプにしよう。まずは目前に迫った4月10日、チャレンジリーグの開幕戦。これを絶対に外してはいけない。私たちは戦うんだ。サッカーで戦うんだ。

それが私たちなりの結論でした。

そうして震災発生から5日目、3月15日から8日間、私たちは山中湖でキャンプを行いました。サッカーボールに触れる喜びをかみしめながら、目前に迫った新チームの初戦に向けて士気を高めました。

ところが実際に開幕戦を行ったのは、私たちと対戦相手のスフィーダ世田谷FCだけでした。東北のチームじゃない、ほかの地域のチーム同士の対戦も行われませんでした。

どうして被災地のうちらがやっているのに、ほかのチームはやらないんだ。

頭に来ました。自粛って一体、何？

雨ニモマケズ

東北人は強いということの意味をよく知っています。その強さが生活全般に生きている。それが東北人の良さなんです。

決していばりもせず、黙って耐えることの尊さを知っています。雨ニモマケズ、風ニモマケズ……。そういう宮澤賢治の詩の一節にあるような生き方を体現しようとしています。

私たちは生活の中では、この詩と同様に困っている人がいれば手をさしのべ、親が困っていれば子が助け、先祖のために手を合わせます。謙虚な気持ちを持ちながら、ものの価値をきちんと見極め、生活をしている。それが東北人の〝粋〟なんです。

震災に関していえば、その人その人によってさまざまな状況がありますが、すべて自分が受け入れることを、多くの東北人は選びます。

苦しいことはいっぱいある。でももっと苦しいことがいっぱいある、そう考えて、いまある自分を受け入れます。そして、その状況をしっかりと受け入れることから、次に向かって歩み出します。

ときには、他人のために自分を犠牲にすることも大事でしょう。自分が少しがまんすることで他人が喜んでくれるんだということ。それを意識すれば、自分自身ももっとよくなっていくでしょう。

たとえば自分が不平不満に思うことは、隣のおじいちゃん・おばあちゃんも不平不満に思っているかもしれない。そう考えたら、おじいちゃん・おばあちゃんの不平不満を解消するために自分が仕事をすればいい。自分の不平不満を解消するためではなく、他人のために自分が動くことで、それが相手に伝わって、その相手もほかの誰かのために、そのまた誰かもまた別の誰かのために……、そんな連鎖が起こると、世の中はきっとよくなるでしょう。

立派で歯がゆい成人式

震災が人びとに与えた影響は本当に大きいでしょう。

人びとは震災を通して人間としての原点を教わりました。

それは、今年（２０１２年）の成人式を見守りながら、ひしひしと感じたことです。

実に立派な成人式でした。震災を糧にして大きく成長した若者たちの姿を見ました。

背景には「利他」があります。相手のことを思いやる気持ち。「利他」の精神がしっかりと生きていると感じました。

次の日、学校でほかの教員と「立派だったね、成人式。本当に立派だった」なんて話をしていました。ですが、話をしながら「あれ？」と思ったんです。私たち教育者は一体何をやっていたんだ、と。

震災があったから、「利他」の精神に気づいた成人がいた。じゃあ、震災がなかったら、彼らはそれに気づかなかったんだろうか。だとすれば私たち教育者は何を教えていたんだろうか。そう考えて、ものすごく落ち込みました。

これは教育の責任です。

立派だな、と思う一方で実に腹立たしい。その腹立たしさというのは自分自身に対する腹立たしさです。

震災の前年まで、マスコミがこぞって報道してきた「荒れる成人式」を見ながら、どうして私は彼らのメッセージに耳を傾けなかったのでしょうか。「なぜバカ騒ぎするんだろう」と、彼らの考えにどうして思いをめぐらせなかったのでしょうか。「なんだこんな社会!」「なにやってんだ大人たち!」。そういうことを、彼らは自分たちの姿を乱すことで私たちに伝えていたはずです。

あいつらはバカだと、まるで見物人のように見ていたそれまでの自分が、非常に恥ずかしくなりました。教育者として、私は一体何をしてきたんだろうか。私たちは本当の意味で人を育ててきたのかと反省しました。

私たち教育者がみんなに教えていかなければいけないことは何なのか。それは、戦後教育の中でいつのまにかはぎ取られ、置き忘れてしまっていたことでした。

点数をとることだけ教えて、その点数だけで人を評価してしまう……。

教育の欠点のひとつは、評価することです。

教育は、本来、長いスパンで見ていかなければいけないものです。

ところが実際の現場では、いいか・悪いか、その二つに分けて判断してしまいます。それは学校の授業やテストに限ったことだけではありません。サッカーにしてもそうです。目の前の試合に勝った・負けた。結果だけを見て判断してしまう。良い・悪いが、すべて数字で計られてしまう。それがいまの世の中です。

本質のない、中身のない、きれいごとだけで世の中が成り立ってしまうような教育体系・社会体系を作ってしまってきたことは、私たち大人が大いに反省すべきことだと思います。

図らずも、震災はそんなことを私に教えてくれました。

ラストゲーム

震災がきっかけとなって実現したこともありました。

なでしこリーグ王者・INAC神戸レオネッサとのチャリティーマッチです。

きっかけはINAC神戸の星川敬監督からの提案でした。震災から半年後に協会（J

ＦＡ）の会議で顔を合わせた際、リーグが終わって少し落ちつく2月ぐらいに練習試合をやりたいという話で盛り上がり、そのときに星川監督の方から「自分たちが仙台に行きます。被災地のファンを集めてチャリティーマッチをやりましょう」と言ってくれました。

その後すぐに仙台の方で応援する会というのが立ち上がり、会場の確保からスポンサー集め、ホームページの立ち上げなど、開催に向けて多くの人が手弁当で協力してくれました。

２０１２年2月19日。小雪混じりの寒空の中、宮城県サッカー場のＢグラウンドには満員となる２５００人の観客が県内外から応援に駆けつけてくれました。

京川舞（現・ＩＮＡＣ神戸レオネッサ）や仲田歩夢（同）、鈴木里奈ら、震災を乗り越えた3年生にとってはこの日がラストゲーム。「やれることは全力でやりなさい」、そういって選手たちを送り出しました。

結果的には1対3で敗れ、越えなければいけない壁を乗り越えられなかったのはちょっと心残りではありましたが、ＩＮＡＣの胸を借りてしっかりとしたゲームができたことは、これからそれぞれの道を歩み始める3年生にとっては大きな財産となったでしょう。

女子を育てる

常盤木学園でサッカーを指導して18年目になります。

最初は部員5人からのスタートでした。7年後に全日本高校女子選手権で日本一になりました。4年連続で準優勝という〝大記録〟も作りました。全日本女子ユース（U—18）選手権では3年連続で日本一になりました。なでしこジャパンのメンバーである鮫島彩（ベガルタ仙台レディース）や田中明日菜（INAC神戸レオネッサ）、熊谷紗希（1.FFCフランクフルト）は私の教え子です。

私は女子を育てる前に、男子の指導をしていました。だからいっそう、その違いが分かります。

私の反対で、女子スポーツを指導した後に男子に移った指導者のほとんどは「もう女子には戻りたくない」といいます。それだけ、男子に比べて女子の指導は手がかかるからでしょう。

女子の指導では人間関係が一度こじれたら終わり。女性独特のコミュニケーションの取り方や高校生だからこその心のゆらぎに対してどう向き合うかが大切です。

SOCCERBALL

第2章　常盤木式

一緒にいたからわかること

2012年シーズンは女子サッカー部に26人の新入生が入部しました。

1年生から3年生まで55人。北は北海道から南は鹿児島まで、全国各地から選手が集まっています。このうち自宅から通っている生徒を抜かした48人は、共同生活をしています。女房がみんなの食事の面倒を見ているので、私も家族同然、生徒たちと一緒に暮らしているようなものです。

だから、わかるんです。何が好きで、何が嫌いか。何を大切にしていて、どういうことが許せないのか。

毎日、よく見て、観察しました。一緒にいることでいろんなことがわかりました。

秘密を持たない、隠し事をしない

ひとつ例を挙げると、女の子が最も警戒するのがコショコショ話（内緒話）です。

たとえば部員のうちの誰か一人を呼んで監督が話をする。これを一番嫌います。常にチーム全員が、わだかまりのない、オープンな関係でいること。秘密を持たない。隠し事をしない。

もちろん、家庭のことに絡むようなプライベートな話をするときは別ですが……。それでも呼んで話をする場合は、ある程度みんなが理解していることが肝心です。

サッカーの話をする場合は、それが特定の一人に関することであっても、あえてみんなに聞こえるようにします。「おい○○、U-20の遠征に呼ばれたからな」、そういった話もみんながいるときにします。「あの子、代表に決まったんだ〜」とみんなが情報として共有します。

女子チームを指導するときに一番大事なことはウソをつかないことです。

私自身が自分に対して正直でいること。その姿をみんなは見ています。

聖人君子である必要はありません。極端に言うと、人間的にズッコケていようが何をしていようが、そんなことはどうでもいいんです。正直に生きているか、生きていないか。これだけです。素のままの自分を見せること。これが信頼のベースになります。

女子は「嫌い」を「好き」という

そうはいってもね。女子は平気でウソをつきます。それは大人だろうが、高校生だろうが、子どもだろうが同じ。「先生、好き〜！」なんて平気で言います。上手いですよ、女の子は。口で言っていることと心で思っていることが全然違いますから。

男子は単純です。嫌いだったら「嫌い」という。少なくとも嫌いなものを「好き」とは言えません。でも女子はたとえ嫌いであったとしても「好き」と言うことができる。「そのバッグいいね、どこで買ったの？」なんて聞いておきながら、絶対に買わない。「それ見せて。ちょ〜カワイイ！」。興味がなくてもそう言える。それが女性のコミュニケーションの取り方なんです。

女子は心の中にあることを簡単には見せたりしません。表に出さない。できるだけ隠します。キャーキャー騒いでいたとしても、心の中では別のことを考えています。アハハと笑いながら、バカにするなと思っているかもしれない。女子というのは実に不思議な一面を持った生きものです。

それでも、心根の部分は好きな異性に対してだけさらけ出します。だから女性は結婚したら家族の幸せのために尽くします。そういう女性は、命をかけて男性を愛します。絶対に裏切らない。それが、日本人の恋愛観だと思います。

思う存分いじれ

お笑いでちょっかいを出したり、茶化したりすることを〝いじる〟といいます。

私は、〝いじり〟というのはチームの風通しを良くするためにもある程度あった方がいいと思っています。もちろん陰湿なのや、度を超しちゃうのはダメですけど。

エースがいじられるようなチームが本当に強いチームであると、私は思います。

逆に、腫れものに触るようにエースを扱い、チームメイトはおろか監督まで気を遣ってしまい、言いたいことが言えないようなチームが、目標に向かってひとつにまとまることができるでしょうか。

チームのエースというのは、当然チームメイトから嫉妬されたり、やっかみがあったりするものです。それは男子であろうが、女子であろうが一緒です。でも、それを率先して受け入れて、チームのために尽くせるのが本物のエースです。

本当に強いチームのエースは調子に乗ったりしない。謙虚にいじられる、それがエースの備えるべき〝強さ〟です。

ハインリッヒの法則

女子のチームを率いるときに注意したいのは、絶対にチームメイト同士をケンカさせないことです。女子チームは人間関係が一度壊れたらおしまいです。ケンカをしてしまうと、たとえ仲直りをしてその後どんなに表面上は仲良く見せていたとしても、お互い心の中はずっと平行線のままです。

ハインリッヒの法則をご存じでしょうか。

アメリカの損害保険会社に勤めていたハーバート・ウィリアム・ハインリッヒという人が、労働災害について調べたときに導き出した法則です。

ある工場で起きた5000件あまりの労働災害について調べたところ、平均すると

1件の重大な事故・災害に対して、29件の軽い事故・災害があり、さらに事故にはいたらなかったもののヒヤッとした事例が300件発生していることがわかりました。

つまり、300のヒヤッを見過ごすことで、29のミスが生まれ、やがてひとつの重大な労働災害を引き起こすことになる、というわけです。

だから、小さなことを見落とさず、きちんと対策をしましょうというのが、いわゆるハインリッヒの法則と呼ばれ、職場の環境作りの鉄則とされています。


これはチームにも当てはまります。

チームが分裂してしまうような重大なミスを防ぐためには、300の顕在化しない〝おかしなこと〟を摘み取ればいいわけです。

たとえば先ほどのエースいじりはどうでしょう。

私であればエースがいじられることよりも、チームメイトがエースに気を遣うことを言ったり、逆にエースの態度の中に調子に乗ったそぶりが見られたとしたら、そのことを注意します。

「なに、調子に乗ってんだ。そんなんで調子扱くな」って。

ハインリッヒの逆法則

大きなミスを防ぐための考え方の基本となるのが、ハインリッヒの法則でした。

では、その逆をすればどうなるでしょうか。

もしひとつの〝大きなこと〟を成し遂げたいと思ったら、29の〝それなりのこと〟を積み重ねたらいいのではないでしょうか。29の〝それなり〟を達成するためには、300の〝小さないいこと〟をしたらよいのではないでしょうか。

ボールを磨くとか、グラウンドを整備するとか、挨拶をするとか、そういったことは300のうちに入るでしょう。

その結果、地方大会で優勝したりとか、カップ戦で優勝したりとか、そういう〝それなり〟の成果を得ることができるはずです。そうして〝それなり〟を積み重ねた結果として、ひとつの大目標が達成できるのではないかと私は思います。

本音を簡単に見せない女子のチームをまとめるのは大変だという人がいます。

でも、彼女たちには好きだというものがあります。それは、サッカーです。

好きという対象が一緒だから、そんなに難しく考えなくてもチームの統制を図ることができます。ひとつの大きな目的を共有し、29の目標に向かって、300の小さなことを積み重ねる。

そんなことをしていたら不平不満を言っているヒマはないはずです。

ホコリを払えば、誇りが積もる

300の話が出たのでついでにもうひとつ。

サッカー部ができた頃から、続けていることがあります。

月に1度の清掃活動です。朝5時半に寮を出発して仙台駅前に行き、6時から7時ぐらいまで掃除します。

私も昔はゴミを見つけるたびに、「こんなところにタバコの吸い殻を捨てやがって」といって怒っていたものですが、いまはそんなことはありません。「ゴミが落ちてた。あぁ、ラッキー！ ゴミが拾えてうれしいわ♪」、そんな感じです。だって、ゴミを拾いに行っているのにゴミがなかったら悲しいですからね。この感覚は、人を恨むことではなく、ゴミがあるから拾うといった自然の行動に基づくものです。

そんなことで15年近くも月1回の清掃活動を継続していますが、最近になって感じるのは、縄張り一帯のゴミが明らかに減っているんです。最初の頃はここにもあそこにも散乱していたゴミが、いまではこちらから探さないと出てこない。これには誇りを感じます。いいね、仙台市民。

ゴミ拾いというのは面白いことに、ホコリを一生懸命取っているんだけど、ホコリを払えば払うほど、自分の心の中には誇りが生まれてくるものなんです。世の中というのはまったく不思議なものです。

生徒たちが望んで清掃活動をやっているかどうかは知りません。まぁ、半分はやらせに近いんでしょうね。

あるハウスメーカーの会長が「いいことは強制してでもやらせなさい」と教えてくれました。だから、いいことというのは、まずはやらせてみて、やらせられた経験の中で、自分自身へのフィードバックを通してある「感覚」が生まれます。それを一人ひとりがきちんととらえることが大事なんじゃないかと思っています。

上下関係撤廃

いわゆる体育会系の〝しきたり〟みたいなものがあります。上下関係を重んじるという意図があるのでしょうが、上級生に対して敬語を使うとか、下級生がグラウンド整備をするだとか。私のチームは、こうしたことをすべてなくしました。どうしてそうなったのかについては後の章で詳しく書きますが、簡単にいえばジャマだからです。

常盤木学園では3年生が小間使いをします。ボール磨きもグラウンド整備も荷物持ちも、3年生が率先してやります。

敬語も一切やめました。1年生には最初からタメ口を聞かせろ。「○○先輩」なんて絶対に呼ばせるな。そう指導しています。

3年生は卒業して社会に出れば小間使いです。いま最上級生だからといっても次の年には一番年下。小間使いになるんです。

もし高校生のときからずっと小間使いのままだったら、何を言われたって「わかりました」といってすぐに仕事ができる。頭に来るとか、「あのときはよかった」なんて回想することもないから、抵抗なく社会に順応できます。その方が彼女たちにとってよっぽどいいと私は思います。

チームのアップデート

監督の好きな戦術は？　理想とするチーム作りは？　なんていう質問を記者からときどき受けることがあります。ですが、監督が理想とするチーム作りなんて、高校サッカーではどれほどの意味があるでしょうか。

学生サッカーは毎年選手が替わります。私がいくらこういうチーム構成が理想だと思ってみたところで、毎年違う選手たちを型にはめてもうまくはいきません。だから、その年の選手たちの〝色〟によって、戦術もあとから築いていくことになります。

じゃあ、毎年ゼロからチームを作るのかといえば、そうではありません。

旧チームの最終ゲームを基準に、新チームに求められるスタンダードが決まります。最後の試合を分析する中で新チームのスタートラインを作り上げるわけです。

早い話が「よーいどん！」というときのスタートラインの位置が違うんです。スタートラインはチームによって違う。その年によっても変わる。つまりそれが、チームのレベルというわけです。

「毎年毎年、仕切り直しで大変ですね」と言われることもありますが、仕切り直してなんかいません。去年のスタートラインはここ、今年のスタートラインはここだといって、積み上げてきているものがあります。設定したスタートラインに立てない選手は置いていかれるだけです。選手たちもたいへんですが……。

キャプテンを決める

毎年チームの〝色〟が変わると書きました。チーム作りの大きな要素となるのがキャプテンの存在です。

キャプテンは基本的には私が決めます。

新チームをじっくりと見ながら「この子かな」と選んでいきます。ただし本当に困ったときには上級生（3年生）に相談します。今年のチームのキャプテンと副キャプテンを決めるときがそうでした。

昨年、3年生にとって最後の公式戦のあと、敗れたその日に3年生を集めました。

「なぁ、みんな。次のキャプテンだけどどうする？オレは岡森（香沙音）だと思うけど。どう思う？……そうか、いいか、決まりだな」。こんな調子です。

「じゃあ、副キャプテンはどうだ？」「この子とこの子です。この子はみんなとよくしゃべっていて、1年生も話しやすいし、しっかりしているからいいんじゃないかな」なんて、やっぱりよく見ているわけです。

熊谷紗希は3年生のときにキャプテンを任せたんですが、彼女の場合は即決でした。考え方が大人ですから。1年生のときからキャプテンをやればいいのにっていうぐらい、キャプテンタイプの子です。

チーム内での規則（部則）みたいなのがあるわけですが、過去に一度、「部則をやめよう」と私が言い出したことがありました。そうしたら当時キャプテンだった熊谷に注意されたんです。「先生、それは困ります」と言って。「先生、部則はなくさないでください。基準がなくなってしまいます」、そう私に意見しました。彼女はルールというのが何のためにあるのか知っているんですね。

いまあるルールというのは、基本的には選手が自分たちで作ったルールです。カップヌードルを食べちゃいけないだとか、炭酸飲料は飲んじゃいけないだとか。そんな他愛のないことですけどね。昔、ファンタが好きな子がいて、炭酸禁止のルールがあったから飲めなくなりました。かわいそうにね。

でも不思議なことに、ルールを守らない選手は、ことごとくケガをします。バチが当たったのかどうかは知りません。ただときどき、神さまは無感情のイジワルをするようです。

部則は、ほかから見れば実に他愛のないことばかりです。それでも、ほんのちょっとどこかでがんばらなくちゃいけないことっていうのを自分たちで決めながら、自分たち自身をコントロールしているのでしょう。

マンガが読みたい。ゲームがしたい。おしゃれがしたい。恋愛がしたい。

女子高生だからいろいろあるでしょう。でも、小さなルールを守りながらその都度振り返るわけです。

私たちは何のために、親元まで離れて常盤木学園に来ているのか。

小さなルールを守る。自分自身を律する。そうすることが、自分の大切なものを気づかせてくれます。それが自律するということでしょう。

だから、選手たちがどんなルールを作ろうが、そこは私が口を挟むことではありません。そのあたりはみんなのやりたいようにやらせています。

ポジションを決める

ポジションはどう決めているのか? と聞かれることがあります。

チーム内事情もありますが、まずは自分がやりたいと思うポジションをやらせます。その中で適性が見えてくる場合もありますが、成長過程で変わってくることもあるので一概には言えません。

道上彩花（3年生）という選手がいます。彼女は身長170cmの大型フォワードで非常に高い得点能力があります。「バッファロー」なんてあだ名までついていてね。フィジカルが強いもんだから。いまはトップをやっていますが、ディフェンスをやらせてもそれなりに仕事をするでしょう。

以前、齊藤あかね（現・浦和レッドダイヤモンズレディース）という選手がいました。当時はトップをやっていて、チャレンジリーグで得点王になった選手です。

齊藤あかねも最初は希望してフォワードをやっていました。でも、U-20日本代表に選ばれたときにサイドバックにコンバートされました。チーム事情もあっただろうし、当時U-20の監督だったノリさん（佐々木則夫日本代表監督）が齊藤の適性を見抜いていたのかもしれません。そうしたら、齊藤自身が「フォワードよりもディフェンスの方が面白い」というようになって、それ以来、彼女はディフェンスをやっています。

性格の向き・不向きもあるし、体格面での適性もある。海外選手とぶつかりあうことを考えたら、弱い選手じゃダメだから、道上や齊藤が得点能力に長けていたとしても、そういう中ではフィジカルの強さを買ってディフェンスという選択肢もたしかにあるのかもしれません。

理想はどんなポジションでもこなせるオールラウンドな選手の育成ではありますが……。

ほったらかしコーチング

勉強の成績とサッカーの実力は関係がないという人も多いようですが、知的水準の高い選手というのはのびしろが大きいと私は思います。

たとえばポジション取りにしても、相手との距離や動き方、動き出しのタイミングひとつで相手の動きが止められるということを、理解できる選手もいれば、なかなかのみこめない選手がいます。

ゾーンディフェンスは自分のエリアを守ればいいのかといったらそれだけじゃなくて、相手の動きを止めるとか、ゾーンによって相手の攻撃のバランスを崩すとか、そういうことまで求められるわけですが、そこまで理解して、的確に判断できる賢い選手がいることは、戦術的に緻密に考える監督にとってはありがたいことです。

チームの中にはがむしゃらに動いて目立つ選手も必要です。でも本当は、何もしていないように見える選手こそ、ゲームのキーになっていたりします。

サッカーは、ボールのないところで決まるもの。

自分がどうするべきかという役割を理解し、考え、行動する選手の方が強いわけです。そういう選手をみていくと、経験則でいえば、勉強のできる生徒が多い気がします。

考えてプレーするためには、必然的に「観ること」が求められます。状況を見て、どう判断し、行動に移せるか。これは日常の練習から意識してやることでのみ養うことができます。

「考えろ」と言いながら、すぐに答えを教えちゃう指導者がいます。

選手たちが考えながらやっているプレーを見て、自分の考えとは違うからといってプレーを中断し、「なんでそんなことしたんだ」と叱責する指導者がいます。

つまらないですね。「考えろ」という以上は、ほったらかしにしておけばいい。

自分が考えているよりも選手たちの方がいいことを考えているかもしれないんです。

考えの押しつけは、せっかくの選手たちの個性を摘み取ってしまいます。

選手たちは本当に困ったときには私のところに来ます。私に聞きに来ないうちは、聞きに来られないような迷いは、たいした迷いではありません。ほったらかしのポイントは、自分を信じ、さらに選手を信頼することから生まれるのです。

命を削って見る

実は私も、かつては選手たちに混じって、ボールを蹴りながら指導していました。ですが、選手たちのレベルが上がり、「もっと上手くなりたい」「もっと強くなりたい」と願う選手たちから、これまで以上に高い次元の指導が求められるようになってきました。そうなると一緒にやっていたのでは新しいものが生まれません。

だからいまは見ているだけです。

じーっと見る。動かないでただ見ています。選手たちにはあまり言葉もかけません。ただひたすら見る。全神経を集中してピッチを見ます。何を見ているのか？ すべてです。健康づくりの観点からいえば、命を削って見ています。目ン玉まっしぐらです。

選手たちの動きを見て記憶し、選手たちとのなにげない会話を記憶します。

私は指導中に選手たちと交わした言葉のほとんどを覚えています。そして、その場その場ではなく、「前にああ言ったからこの子はこうした。前に指導したことによってこの子はこう変わった」と、長いスパンの中で見て、いまその選手にふさわしい言葉をかけるように心がけています。でも本当のところ、まだまだ修行が足りません。


声を掛ける頻度、タイミングも大事です。

常日頃ではなく、ときどき声を掛ける方が選手の耳に届きます。そうして「先生は私のことをちゃんと見てくれているんだ」ということを選手自身に気づかせます。

これはなにもサッカーの指導に限ったことではないでしょう。教室の中でもそうですし、会社の中でも同じだと思います。経営者や上司が、社員や部下を認めてあげる。そうすることでモチベーションが高まり、「もっと上を目指そう」という気持ちが生まれるのではないでしょうか。

声を掛けるのはすべてを見て、理解した後に行う行為です。まずは全員をしっかりと見ていることが大切です。私が見るために選択したのは動かないことでした。そのために自分が運動不足になることは覚悟の上です（笑）。

基本の徹底と繰り返し

練習方法についても少しだけ紹介しましょう。

スズキ・メソードという音楽を通じた教育法があります。鈴木鎮一先生というバイオリニストが開発した教育法です。

スズキ・メソードでは同じ曲を繰り返し繰り返し弾かせるそうです。練習をするうちにそれがばっちり弾けるようになる。弾けるようになってもさらにそれを指導します。そうやって繰り返し同じ曲をやりながら、一つひとつステップアップしていく。繰り返しの中で上達していく練習方法であると聞いたことがあります。

メジャーリーグのイチロー選手が、毎日同じことを繰り返し行うというのはよく知られています。

私たちの場合は、練習の始めにデイリートレーニングと呼ぶ独自のメニューを毎日繰り返し行います。もう何年もずっと変わらないメニューです。

選手たちにしたら、3年間ずっと毎日同じことばかりやらされて、よくもまあ飽きないなぁとは思いますが、誰も文句を言わないからずっとやらせています。詳しくは書きませんが、ウォーミングアップに近いものと考えてもらえばよいでしょう。うちの場合はほかのチームに比べてものすごくアップの時間が長いといえるのかもしれません。そこにはウォーミングアップと称した基本練習の徹底がベースにあるのです。

競争の原理

レギュラークラスの選手たちとサッカー部に入りたての選手では、当然レベルの差があります。それでも練習の中では選手をミックスして、レベルをごちゃまぜにしてプレーさせることがあります。

たとえば「○人で分かれて練習しなさい」といいます。黙って見ていると、下級生のヘタな子たちがふらふら〜と走っていって、トップの選手たちと積極的にグループを組んだりします。上手くなりたいからです。

そうしていざ練習が始まると、下級生がトップの選手に向かって「パス出せ」とかいうわけです。これがいいんだね。こう言える関係が。

これでカチンとくるような上級生は伸びません。後輩が生意気なことを言ったときに、ガマンができるかどうかはその人の度量であって、強さなんです。たとえば空手の達人なんかがチンピラに絡まれても絶対に手を出さないですよね。それは強いからです。それと一緒で、むしろ本当に強い選手というのはできない選手に言わせるわけです。「もっと言っていいよ」って。

遠征などの都合で、55人の部員をAチームとBチームに分けることがあります。そうして、Aチームだけ練習をさせて、Bチームは休みにするという場合があります。

誰がAチームで誰がBチームなのか。私が指示を出すときと、出さないときがあります。後者の場合は、「自分はAチームだ」と思う子が練習に参加します。そうなるとAチームの方が多くなったりしますが、「まぁ、ええ（A）か（笑）」って、来た生徒みんなバスに乗せるわけです。

逆のメンタリティーの生徒もいます。つまり、AチームとBチームのボーダーラインにいながら「私はBチーム」と考える選手です。こういう生徒は、サッカーは伸びないかもしれないけれど、ほかの部分で伸びていきます。

もっとも、Bチームの選手だからといって、ほかのチームに行けばそこそこやれるレベルのはずです。でも、「常盤木学園にいるから自分のレベルが上がるんだ」、そういう気持ちで練習に臨んでいます。こうした現実の中で自分自身を俯瞰して見ると、A・Bチームの選手それぞれが「私がここにいるのは、みんながいるからだ」ということに気がつきます。真摯に自分自身を受け止めて、立ち位置を決めていく。そういうことを常盤木学園において経験するのです。

だから下手な選手も、たとえ3年間一度も公式戦のゲームには出られないとしても、不平不満を抱かずに最後までがんばりぬきます。そういう姿を見たら、レギュラー組のほかの選手もがんばらずにはいられなくなります。

こうしたこととの連鎖で、選手にとって「がんばることが当たり前」になると、チーム全体に〝その次のレベル〟が生まれてきます。それを積み重ねることでチームに毎年違う感覚が生まれ、違うものを持ち始めます。これが「進化」です。身体の、ではありません。心の進化です。

できる選手もできない選手も紙一重の世界にいながら、いいものを体験して、その中で自分というものを見つけ、次のステップに向かっていく。常盤木学園の3年間というのはそういう時間なんだと思います。

感謝が自分を育てる

「親に感謝しなさい」「先生に感謝しなさい」、そんな言葉を耳にすることがあります。でも、この「ありがとう」には何の意味もありません。単なる強要。やらせです。

感謝は「感じて謝る」と書きます。誰に謝るのかといったら、ほかでもない自分自身に謝ります。自分がこれまで生きてきた中で、いろいろな経験を通してものごとを見て、自分自身を見つめ直したときに、「あぁ、こういうことがあった、こういうこともあった」と感じ入るでしょう。感じたときに、自ずと過去の自分と現在の自分とを比較しているのです。そして、「あのときの自分はどうしてこういうことがわからなかったんだろう」と感じて自分自身に謝ります。謝ることによって、自分自身を成長させます。

これが感謝の構造です。

これを他人に押しつけるというのはおかしなことです。感謝でも何でもありません。

本当の感謝は経験の中で自らが気づき、己を正すことによって生じる心の変化なのです。この心を育てるのが指導者や社会の役割だと思います。

目の届く範囲

常盤木学園のサッカー部が発足した当時、部員は5人でした。

全日本高校女子選手権で初めて優勝したときは23人でした。

現在は50人を超える選手がいます。

ありがたいことに常盤木学園でサッカーをやりたいと、中学生たちが全国各地から見学に来てくれます。なでしこブームが追い風になって、志望する子どもたちはまだまだ増えるかもしれません。学校側の受け入れの問題もありますが、私自身は100

人だろうが、２００人だろうが、来たいという選手を断るつもりはありません。試合に出られるとか出られないとか、そういう問題ではなく、私のところでサッカーがしたいと中学時代にサッカーと勉強に真摯に打ち込んできた生徒たちに対して、「来るな」とは言えません。

たとえばチームによっては、自分が選手をしっかり見ることができるのは30人まで、といって入部を制限している指導者もいると聞きます。それがこの指導者にとっての「目の届く範囲」ということでしょう。私は高校の教員が本業です。生徒の未来の幸せのために仕事をするのが私たちの使命です。いまのチームであれば何人いても私は見ることができます。なぜならそのようなチームに作り上げてきたからです。10年前のチームであれば部員50人は無理でしょうが、いまなら１００人でも２００人でも私一人で指導できるでしょう。それだけ、選手一人ひとりの成熟度が違うからであり、自律した選手が多いからです。つまり選手たちが立派だからです。

その半面、私の方がいい加減だから、日々、生徒に教わっております。

できない選手が教えてくれる

Bチームの存在は、実は私にとってはかけがえのないものです。私が知りたいことの多くを、Bチームが教えてくれます。

チャレンジリーグなどの試合後に、Bチームの選手たちが「練習をしたい」と私に直訴しに来ることがあります。「ビー（B）ビー（B）言って、しょーがないな（笑）」なんて言いながら、Aチームの選手たちを先に帰して、私も練習につきあうわけです。

何とはなしに練習を見ていると、ときどきものすごいヒントをBチームが与えてくれることがあります。神の声のように、聞こえてくるんです。「あぁ、そうか。こういうことか。いま自分が悩んでいたことはこういうことだったのか」と。

不思議なことに、Aチームがいるときは見えないのに、Bチームだけを見ているときに限ってふっと降りてくるんです。

こういうこともあります。新しい戦術を自分が考えたとする。それを、AチームにもBチームにもやらせてみる。Bチームにやらせてできることは、Aチームもできる。ところがAチームにはできて、Bチームはできないということがあります。

その場合、その戦術自体を疑ってみることにしています。これはちゃんと理にかなった戦術なんだろうか、と。つまり、Bチームは私にとっての「基準」です。

そして私は常に、選手から間接的に指導を受けているのです。

声を出すな！

「声を出せ！」という指導者がいます。

私は、練習や試合中の声は必要ないという立場で指導しています。

一度、試合前の練習で、相手チームの選手たちが「ファイト」「声出して」といってあんまりうるさいので、「気が散ってしょうがないから、頼むからもう少し静かにやってくれ」とお願いしたこともありました。

声をかけることは大事だとよくいいますが、たとえば5万人の大観衆の中で試合をすることを考えたら、「オーッ」だとか「ウーッ」だとか、声を出したところで聞こえるわけはありません。ゲームの状況やチームメイトの動きを自分で見る中で判断をしていく方がよっぽど賢明です。

高校生の指導で5万人の観客を想定するのがおかしいというのであれば、それは、目標の置き方の違いです。私は最初から100人の観客を前にゲームをすることを目標には置いていていません。

声を出さずに「見て」「判断して」パスを出す。そのためには普段から声なんて出さずに練習をするべきなんです。

それで、チームメイトとあうんの呼吸でパスを出したり、パスがもらえるような動きを自分で見つけていったらいい。その方がよっぽどレベルが高いわけです。そうやって選手個々が「観る」能力を養っていきます。

声を出すと、結局声の大きな選手に騙されるんです。「ハイ、ハイ」と大声を出している選手に。そういう選手に限って、相手にマークされて、全然ボールがもらえるような状況じゃなかったりするわけです。ただボールがほしいからといって「ハイ、ハイ」騒いでいる選手が多いんです。その声に釣られて周りを見ずにパスを出す。たまたま成功すればラッキーだけど、それでは上達につながりません。

失敗したら失敗したで、「オッケー、オッケー。声は出ているよ!」なんて言って慰める。声が出ているかどうかなんて、慰めでしかないんです。

声を出すのは自分が必要だと思う範囲でやればいい。ボールを出す・出さないの判断は、ボールの持ち手がチームメイトとの意識レベルや〝空気〟の中で行うものだから、それを普段から追求した方がいいと思います。ムダに騒ぐよりはね。

自分で考えて判断する。そうしたことを普段のトレーニングのときから意識するべきでしょう。

ただし気持ちを集中させるために声を出すということは別モノですのであしからず……。

世界を見る

3年に一度、サッカー部の部員を連れてアメリカに遠征します。最初に行ったのは高校女子選手権で日本一になる2002年の前ですから、たぶん1998年だったと思います。私としては、選手たちが〝世界〟を目指す以上は「世界一」のレベルをこの目で見ておきたい、見せておきたいという思いがありました。

2004年のアメリカ遠征だったと記憶していますが、当時の遠征メンバーに田中明日菜がいました。まだ1年生だったはずです。

訪米中にアメリカ代表とオーストラリア代表のエキシビションマッチを観戦しました。当時もアメリカは世界ナンバーワン。その後に行われたアテネオリンピックでアメリカ代表は金メダルを獲っています。アメリカ代表の当時のエースはミア・ハム。押しも押されもしないスーパースターでした。

そのプレーを目の前で見た翌日、私がスターバックスでアメリカの朝を楽しんでいると、田中明日菜が與山このみという選手とともにトコトコやってきました。そして「先生、お願いがあります。アメリカ代表と試合がしたいんです」と言い出したんです。「え? バカじゃないの?」と思ったけど、それがものすごくうれしくてね。

彼女たちにそう言われると、もしかしたら練習試合が組めるかもしれないという気になりました。そこで、ありとあらゆるツテ・コネを使ってコンタクトを試みたんですが、結局アメリカ代表との試合はかないませんでした。

悔しいなぁと思うのと同時に、心に決めました。こういうチームと練習試合が組めるように、私たち自身がなればいいんだ。いつか、アメリカ代表の方から練習試合がやりたい、そんなふうに言ってもらえるようなチームになろうって。

それは、私にとってのひとつの目標になりました。アメリカ代表と試合をするなら、アメリカ代表に勝つだけのことをやっていかなくちゃいけない。普段からね。それに見合った実力がなければ、練習試合なんかしてもらえないわけだから。

数年後、U-17アメリカ代表が来日したときに私たちは練習試合をしました。結果は1対0で負けたんじゃなかったかな。2004年の時点ではとんでもないと思ったことではありましたが、目標の半分ぐらいまでは距離が近づいたんじゃないでしょうか。

2012年4月に、キリンチャレンジカップが仙台のユアテックスタジアムで行われ、なでしこジャパンはアメリカ代表と対戦しました。私はこの日ラジオの解説に呼ばれて、解説席からこの試合を見ていましたが、ピッチに立つ田中明日菜の姿を目で追いながらスターバックスの朝を思い出し、感慨深いものがありました。

常盤木学園という環境

高校の女子サッカー部がアメリカまで遠征に行くというのも思い切った話ですが、それを許可する学校側もたいした度量だと思います。しかも今年（２０１２年）は、夏休みではなく通常の授業が行われている学期中に遠征をしました。許可の申請を出しておきながらこういうのも変な話ですが、普通は考えられないことです。

ではなぜ校長はサッカー部の遠征を許可するのか。校長に言わせれば、「国内に練習試合の相手がいないんだから、海外に求めるのは当たり前だろう」と。「アメリカ遠征中、国際大会に参加する。たまたまそれが、日本では学校のある時期に重なっているだけであって。相手が日本に合わせるのか？　お願いするこちらが相手に会わせるべきではないのか？　だから今回の遠征に関してはＯＫですよ」と、こういうわけです。

ヨイショするわけではありませんが、私たちはある程度守られながら、サッカーに専念しやすい環境を与えてもらっていると思います。これがもし別の環境だったら、もう少し活動の制限があったでしょう。活動の制限がある分、成長のリスクもあります。そういう意味では、生徒たちのやる気と未来を見据えた方針に、学校の力を感じます。

日本代表は親の資質で決まる

毎年私は多くの女子選手を預かっていますが、まれにすごい素質を持っているのになかなか伸びないという選手がいます。なんでだろうなーと考えていったとき、思い当たることのひとつは生活の仕方です。普段の生活面での姿がサッカーに大きく影響します。

伸びない子に圧倒的に多いのは、過保護なタイプです。なんでもかんでも親がやる。生ぬるい環境で育った子は、常盤木に来ても伸びないことが多いと思います。

反対に、きちんと子どもに「責任」を持たせて何でもやらせている親の子は、それなりの結果を出します。

極論を言えば、日本代表の狭い門をくぐれるかどうかは親の資質によって決まります。私が代表に送り出した選手たちというのは、とりもなおさず、親が立派ですよ。立派な親のもとで、立派なしつけと教育を受けて育った子は、感性が豊かで、どんな環境に入ってもうまくやっていけるし、自律して自分自身を高めることができます。

親は木の上に立て

サッカーの話から少しそれますが、私はもともと生活指導の教師として常盤木学園にやってきました。この学校に着任する前は、それこそ昔のドラマにあった「積木くずし」とか「スクールウォーズ」に出てくるようなやんちゃな生徒たちを指導したこともありました。非行に走る子どもたちのほとんどは親に原因があります。

親という字は「木の上に立って見る」と書きます。でもその状況をよく考えてみてください。下からは親の姿が丸見えです。ふんぞり返っていませんか。子どもに見せられないような姿をさらしていませんか。親は常に自分自身が見られていることを意識して、子どもをしつける必要があるんです。

人（子）をしつける前にまずは我が身を再確認しましょう。正しく生きているか、天に恥ずべき行動をしていないか。それを省みて正す必要があります。

ところで、最近よくあるのが、「木の上」ではなく「横」からの目線で見ている親です。娘と友だちみたいな関係がいいと考える母親もいるようですが、とんでもないことです。横並びになるときは子どもが成人し、自立してからだと私は思います。自立していない時点ではまだまだ親の管理下にあると思います。だから子どもは親の言うことを聞くのは当たり前なんです。

娘の警告は、親への警告

さて、親との接し方がサッカーの上達に影響すると書きました。親は下から見られていると書きました。不思議なことに、こうしたことはプレーにも出るものです。

だいぶ昔のことになりますが、ある選手が試合に出てシュートを外しまくっていました。大事なところで外すので「なにかおかしいな」なんて思って見ていました。そのうちに、その本人がラフプレーで警告を受けました。ちょうどその日、ベンチ裏に彼女の親が応援に来ていました。

そのとき、親を見てハッと気づきました。試合後、「お母さん、さっきの警告の意味がわかるか？　あなたに警告なんだぞ！」。私がそういうと、「え？　あたしですか⁉」ときょとんとした顔をしていました。実は以前その母親から、中学校のときの指導者について散々悪口を聞かされたことがありました。あぁ、いつもこの調子なんだな。と、そのときに思ったものです。私もその指導者のことはよく知っています。たいへん素晴らしい人格者で、苦労を重ねて中学生の女子チームを指導されています。たぶん、たまたまウマが合わなかったのでしょう。だからといって陰口をたたくのはよくないことです。少なくとも娘がお世話になっているわけですから……。

こうした自分勝手な感情でものごとを判断する大人が増えているというのも事実です。だからこそ、われわれ指導者も同様にしっかりと襟を正す必要があります。

親の見方、考え方というのは、知らず知らずのうちに子どもに〝遺伝〟します。私は生徒たちには「いずれ親になったら、人のために尽くせる人格者になりなさい」といつも言っています。でも、生徒にとっては自分の親が見本なんですね。我が親を見て子どもたちは育っているんです。

生徒がある日実家に帰ったら、たとえば親の耳にピアスがひとつ増えていた、だなんて、そんなことで娘を悲しませるようなことをしてほしくはないですね。

しつけというのは、自分が正しく生きているかいないかによって、その「度合い」が変わってくるものです。

度合いを超えた感覚でチャラチャラしているような親に、子どものしつけなんてまともにできるわけがありません。自分ができないことは、子どもにもしつけられないんです。親は子どもの見本であるべきなんです。

しかし私も、毎日女房にしつけられていますよ。帰宅するとテーブルにつまみが用意されていて、「こりゃうれしいね」なんてビールを飲んでまったりしていると、『いただきます』は言ったの？」なんて言われてね。

「え？ あれ？ 流れの中でたぶん……」とかモゴモゴ言いながらごまかすんですが。人から言われて「いただきます」とは改めては言えないものです。そうすると「おとうちゃんはね、生徒には立派なことを言っているけど、あたりまえのことがさっぱり何にもできてないのよ」なんて言われてね。ハイ、その通り。返す言葉も見つかりません。

そんなこんなで食べているうちにだんだんテーブルの上のものもなくなってきたと思ったら、「ごちそうさまなの？ どうなの？」なんてたたみかけられて。こっちも意地があるもんだから「バカ！ もう1杯飲むんだ」なんて、飲みたくもないのにおかわりをしてね。で、眠気に負けてそのままバターン、ですよ（笑）。

私もまだまだ修行が足りません。ただただ一人で反省している毎日です。

常盤木バスの中

みんなにはサッカー以外のこともいろいろと話して聞かせています。政治のこと、お金のことなどなど。社会というのは往々にして理不尽です。3年生もほどなくしたらその社会の中にほっぽり出されるわけです。だから私は社会の話をします。

高校生の段階では私の話について来られない部分も多いでしょう。それは、理解するための知識が不足しているからです。「なんかまた先生が難しいことをしゃべってるよ。何を言ってるのかわかんねーよ。もう、寝ちゃえ！」ってね。それでもいいんです。そのうちに、将来何かのタイミングでパッとわかるときがくるだろうから。

いまの段階では、「勉強しないとこういうことが理解できないんだ。このままじゃいけないんだ」と思ってくれたらいい。だから必要にかられて「勉強しよう」という気持ちになる。逆に言えば、勉強の必要性を高めるために難しい話をするわけです。

だから私自身はいろいろなところにアンテナを張って知識を吸収し、いま世の中で起こっているさまざまな状況に対して、それがわれわれにどういった影響を与えるかを仮説立ててみたりして、みんなに話します。そういうことをしょっちゅう聞かされていたら、そのうちに自分でも考えるようになります。

でもね、みんなの顔を見ながら話したら、「こんにゃろ、聞いてないな」って腹が立つから、みんなの顔は見ないで話をするわけです。どういうときかというと、バスを運転しているときです。寮から練習場（常盤木学園実沢グラウンド）までは車で片道30分ぐらいありますが、行きのバスではだいたい何かしゃべっていますよ。遠征のときもね。眠くもならなくてちょうどいいんです。

自分を磨く

チームが成長するためには、指導者である私自身の成長も不可欠です。サッカーの指導論を読み漁ったり、解説本を集めたりとか、そういうことばかりが成長につながるわけではありません。

大事なのは「感性の成長」です。感性を磨くためには、自分だけの感覚に頼っていてはいけません。ありとあらゆる方面の勉強をする必要があります。多方面の勉強をすることによって、身の回りで起こる物事の一つひとつから、さまざまなメッセージを読み解くことができるようになります。

本を読むにしても、サッカーの解説書ばかりではなく、ときにはアダム・スミスだって必要です。

時間さえあれば講演会や勉強会にも積極的に参加します。サッカーとは直接関係のない、たとえば企業を成功に導いた経営者とか、政界をにぎわせた政治家であるとか、独自の理論で生徒を導く教育者であるとか、いろいろな講演会に参加して、さまざまな考え方や自分が知らない世界にふれます。

そのために投資するのは当たり前のことです。

私立学校の学生が勉強するために学校にお金を払っているというのに、私たち大人はどうしてお金を払わずに勉強ができるというのでしょう。給料をいただいているんだから、その何％かは自分で払って勉強をするのが当然でしょう。

必要なものにかけるお金は「高く」ありません。額面の多い少ないにかかわらず、です。それが自分自身や生徒たちに還ってくると思えば安いぐらいでしょう。

そうした中でも、私にとって一番の教科書は選手たちです。

私は、選手たちに教えてもらっている以上、お金を払わなくちゃいけない。だから身銭を切ります。

常盤木学園は日本女子サッカーリーグ2部のチャレンジリーグに参戦していますが、リーグに参加するために毎年200万円の参加料が掛かります。遠征に行くためには移動費も発生します。移動先ではご飯も食べるし、寝泊まりするので宿泊費も必要です。昨年（2011年）からチャレンジリーグにはtotoの助成金が総額の8割出ていますが、それでも不足してしまいます。ありがたいことに後援会からの援助などもいただいておりますが、少なくない部分を私の稼ぎの中でやりくりすることもあります。

女房はたいしたものです。貴金属がほしいとか。高級車に乗りたいとか。そういうことを決して言いません。せいぜいCOACHのバッグくらいです。指導者（コーチ）の女房ですから、それぐらいはいいかなと……（笑）。

私はつくづく、家族に恵まれていると思います。

指導とは、教え導かれるもの

教員として、サッカーの指導者として、キャリアを重ねる中で見えてきたものがあります。それは、指導とは「教え導くもの」ではなく、「教え導かれるもの」であるということです。

これがわからないと大きな誤解を招きます。

生徒をよく見て、何を欲しているのか、何をしたいと思っているのか、そうしたことを理解して、遠回しにアドバイスしたり、ヒントを与えたりしながら、欲する欲望をサッカーでコントロールするのが私の仕事だと考えています。

私は選手たちに教えようとは思っていません。逆にいつも選手たちからそれらのことを教えられているんです。

第3章　常盤木育ち

お茶目の発見

私たちは創部7年目の2002年に全日本高校女子選手権で間違って優勝しました。けれどもその後、4年連続（2003〜2006年）で準優勝になるというものすごい〝功績〟を残します。

傑作だったのは2005年。鮫島彩が3年生だったときの大会です。決勝戦の相手は神村学園（鹿児島）。出足は好調で、開始20分の時点では3対0でリードしていました。正直この時点で「これは楽勝だ」と思ったものです。「このままいけば優勝できる」と。

ところが、気がついてみたら3対3に追いつかれ、最終的にはPK戦にもつれこんで敗戦します。

悔しかったですね。自分自身に対する怒りと恥ずかしさでいっぱいになりました。決勝の舞台まで勝ち上がったのは選手の実力です。でも決勝戦で勝てなかったのは私の責任です。若いときにはそれが分かっていても、自分の責任だと思える「骨」はないものです。言ったとしても口だけです。でも、何年も連続して準優勝という苦杯を選手たちになめさせていると、心底後悔に苛まれます。

3対0からの逆転負けは決定的でした。それでも、このどうしようもない現実をなんとか受け入れなくてはいけない。そのときに浮かんだ言葉が「お茶目」だったんです。これは冗談にするしかないと思ったんです。

そうか、私にはこんなにお茶目な部分があったんだ。そうやって自分を慰めました。

ジャイアント・キリングの夜

全日本女子選手権で澤選手や大野選手のいる日テレ・ベレーザにPK戦の末に勝ったことがありました。2010年の大会です。齊藤あかねが3年生で、京川舞や仲田歩夢たちが2年生のときです。

高校女子選手権、全日本女子ユース選手権と合わせて、私たちは日本一に7回なっていますが、私個人の中ではそれらを上回るうれしさでした。

私はこのジャイアント・キリングに舞い上がりました。

「今日は勝ったから焼き肉にしちゃうよ」なんて言って、帰ったんですが、3年生は寮に戻るなり勉強を始めたんです。

「やったね」「よかったね」といって私がいい気分でビールを飲んでいるときに、本人たちはその喜びのパワーをすぐに勉強に向けていました。普段から「勉強をきちんとしてこそ、一流のサッカー選手だ」なんて言っているわけですが、かくいう本人だけが、こんなひとつの勝利で浮かれている。なんでしょうね、この違いは。

そういうことがわからないこの醜い心。これぞまさに、筋金入りのお茶目ですよ。

自分の失敗を「お茶目」といったら、それは単純に自分を正当化しているだけの話ですが、なんでそういうことができるかといったら、それはやっぱり準優勝を4回連続でしているからなんです。

お茶目というのはごまかしでもなんでもなく、失敗を受け入れる行為です。

お茶目を受け入れることで、失敗を失敗として葬り去らずに、その過程の中で何かを見出すわけです。

そういう意味で、高校時代に3年連続で準優勝を経験した鮫島彩（2006年卒業）

なんかはお茶目の典型です。

同じく高校女子選手権では3年連続準優勝を経験しながらも全日本女子ユース選手権で優勝した田中明日菜、全日本女子ユース選手権で3連覇を成し遂げた熊谷紗希。それぞれの個性というのは、こうした経験を元に作り上げられていきます。

だから鮫島彩とは違う田中明日菜がいて、田中明日菜とはまた違う熊谷紗希がいるんです。

教え子に弱い

私たちが日テレ・ベレーザを破った全日本女子選手権の大会で、準決勝で対戦（準決勝）したのがＩＮＡＣ神戸レオネッサでした。

このチームには教え子の田中明日菜（２００７年卒業）がいます。

試合が始まる前、私は応援席にいるデキのいい生徒に「明日菜が何番に何本パスを出したか数えておいてくれ」と頼みました。それでＩＮＡＣの出方を分析しようとしたんです。

ところがその子はあんまりデキが良すぎるもんだから、自分で試合の分析を始めちゃったんです。それでハーフタイム中に「先生、相手は中盤の～」なんて始めるわけです。「うん、うん。ところで、明日菜は何番に何本パスを出したの？」そう聞くと、「数え忘れました」と言います。分析をすることに夢中になってカウントしていなかったんですね。

前半は0対0で折り返したものの、後半だけでINACに5点を献上してしまい、結果は0対5の惨敗。

逆に田中明日菜に手の内を読まれて、うちのディフェンスのウイークポイントをつかれてしまいました。

彼女は、前半はディフェンスの裏側を狙ったボールを出していたのに、後半は足下にボールを出すように変えてきました。それを見て、「やられたな」と思いましたね。そのポジションにはうちのキャプテンがいて、チームとしてはもっとも強い部分のように見せていたところだったんです。実はそこがうちの弱点で、そこをきちんと見抜かれていました。

私が何を考えているのか。田中明日菜にはばればれです。あの子は私のことをよーく知っています。それだけ、共に苦労を重ねてきた仲です。こんな感じで、田中明日菜のみならず、なでしこリーグにいる教え子たちにいつもやられます。教え子たちにはすっかり私が見えるんですね。

まだまだ私も勉強が足りません。

熊谷紗希は次代のリーダー

2011年のワールドカップ、決勝戦で4番目のキッカーとして最後にPKを蹴ったのが熊谷紗希（2009年卒業）でした。

自分が決めればワールドカップの優勝が決まるという状況で、彼女はきっちりゴール左上に蹴り込み、優勝を決めました。

本人は自分が決めることで優勝が決まるというのはわからなかったと言っていますが、どちらにしてもワールドカップの決勝の舞台という極限の状況でのあの落ち着きぶりは、とても二十歳（当時）の人間じゃない。そんな印象さえ受けました。たいしたもんです。

ＰＫを見たうちのＧＫコーチが「先生、紗希はね、ゴールキーパーが絶対に捕れないコースはどこかというのを、昔からオレに聞いていて、知っていたんです」と言いました。

常盤木学園時代、彼女は練習後にみんなとＰＫをやって遊びながら、そんなことをＧＫコーチに聞いて一人、研究していたらしいんです。ワールドカップの決勝の舞台でなぜゴールを決められたかといったら、そうやって日々練習を積んでいたからなんですね。

あの落ち着きにはこうした裏付けがあった。私も知らなかったことでした。

熊谷紗希はもうちょっとドイツで経験を積んで、技術的なことや精神的なことも含めていろいろなことを学び、次の代表のセンターバック、次の世代のキャプテンを務めてくれたらいい。そう勝手に期待しています。

ストライカー京川舞

ＩＮＡＣ神戸に入った京川舞（２０１２年卒業）は、サッカーの感覚にすぐれる才能あふれた選手です。

常盤木学園のレベルでは、彼女にいいパスを供給できずに使い切れないこともありました。どちらかというと使われるタイプの選手なので、ＩＮＡＣのようなレベルの高い選手がそろうチームであれば、十分に活躍できる力はあると期待しています。

２０１２年の春に日本代表チームに呼んでもらってアルガルベカップに出ましたが、まだまだでしたね。代表の独特な雰囲気に飲まれていたような気がします。チームには鮫島彩や田中明日菜、熊谷紗希といったうちの卒業生もいるし、ＩＮＡＣのチームメイトがいっぱいいるから、熊谷紗希や後藤三知（２００９年卒業／現・浦和レッドダイヤモンズレディース）が高校時代に初めて代表入りしたときとは緊張の度合いが違うだろうと考えていました。でも、やっぱりまだまだでしたね。

靭帯の故障をして目標だったロンドンオリンピックへの出場はかないませんでしたが、いずれにしても、京川舞はすごい素質を持っています。

常盤木学園に入学する前に見学のために来たことを覚えています。練習に参加させてみたら、あらあらやるじゃないと。当時はまだ中学生でしたが、スピード感あふれるプレーと得点に対する感覚が頭ひとつ抜けていましたね。

よりレベルの高いチームで自分を磨くことで、素晴らしい選手に成長すると思います。いまはそのための試練の時期だと思っています。

海外志向

鮫島彩や熊谷紗希、ほかにも私の教え子では後藤史（スペイン／ラヨ・バジェカーノ）という選手が海外でプレーしています。

やはり自律能力の高い選手であれば、海外に行ってもそれなりのものを得ることができるのでしょう。

彼女たちのような選手がいることで、日本の子どもたちの中にも、ドイツでやりたい、スペインでやりたいという子が増えていると聞きます。

以前、たまたまテレビを見ていたら鮫島、熊谷、それに安藤梢選手（ドイツ／FCR2001デュイスブルク）が出演していて、子どもたちの質問に答えていました。「ほぉ、なかなかいいことを言うじゃない」、なんて見ていたわけです。

すると、ある小学生の女の子が「私も将来、外国でプレーをしたい」と言いました。それを聞いて私は「ふざけるな！」と思ったわけです。もちろん、その子に対して怒っているわけではありません。

本当は、「海外もいいけれど、やっぱり世界ナンバーワンの日本でプレーがしたい」と言ってほしかったんです。日本の子どもだけではなく、アメリカやヨーロッパの子どもたちが「日本でプレーがしたい」というような社会、女子サッカー界。それが私の理想です。

じゃあ、日本には何があるの？　それをこれから私たちが示していかなくてはいけません。

指導する側も、協会も、情熱を持って日本の女子サッカー界を高めていく必要があるでしょう。

ちやほやがクセモノ

アルガルベカップのポルトガル遠征組に京川舞が選ばれたとき、「女子高生なでしこの誕生」といわれて、新聞やテレビで大きく報道されました。

京川の写真を1面に掲載したスポーツ紙までありました。うちの学校で開いた記者会見の模様が、スポーツニュースのトップで報じられたりしました（横にいた私はカットされていたけどね）。

いくら高校に在籍しながら代表に選ばれたとはいえ、これまではこんな取り上げ方をしてもらったことはありませんでした。熊谷紗希や後藤三知が選ばれたときもここまで報道はされていません。やはり2011年のワールドカップ優勝、そこからのなでしこブームの恩恵だと思います。

ただね。逆の見方をすれば、報道されればされるほど、スポーツ番組やバラエティー番組なんかの露出が増すほど、世間の目が厳しくなるのも事実です。成績が出なければ、「調子に乗ってダメになった」と言われてしまいます。

実際、ちやほやされて、気持ちよくなって、自分でコントロールができなくなり、ダメになっていく選手はいます。自分はそんなつもりじゃなくても、感覚がマヒして、自分の実力を考えられなくなるんです。

マスコミに対してちやほやするな、とはいいません。報道を通して多くの人が女子サッカーに興味を持ち、なでしこリーグやチャレンジリーグの観客が増えて、なでしこの選手にあこがれる子どもたちが増えて、女子サッカー界のすそ野が拡大するのなら、それは本当にありがたいことです。

私は記者会見の前に京川に言いました。

「いいか、舞。おまえは今日から180度世界が変わる。新聞に出る。テレビに出る。みんながちやほやしてくれる。だからって、おまえは調子扱くなよ。マスコミにちやほやするなというのは難しいから、ちやほやされろ。されたらその分、人に還すということを忘れるな」。

ちやほやとは何なのか。選手がそれさえわかっていれば、ちやほやされてもいいと私は思います。

ファンの期待、子どもたちのあこがれ。そうしたものを、社会にきちんと還すことができれば……です。そして、他人からちやほやしてもらった分、ほかの人をほいほいしよう。社会に還元しよう。そうした感覚を持っている選手であれば、大いにちやほやされていいと思います。それが一流といわれる選手だからです。

こうしたことは残念ながら、サッカーに限らず、ほとんどの日本人選手は上手とはいえません。海外の選手たちは実に心得ていて、さりげなくファンサービスをしたり、社会貢献活動を行ったりします。

そのあたりは今後、見習っていかなくてはいけない部分かもしれません。

ちやほやの線引き

ちやほやの質もこれからは考えていかなければいけません。

たとえば京川舞と同じくＩＮＡＣに入った仲田歩夢という選手がいます。仲田歩夢も去年はいろいろなところで取り上げてもらいました。京川舞と一緒に取材を受けることもありましたが、一人の取材もありました。

サッカーの実力としては京川の方が上なのに、どうして仲田だけ取り上げるのかな？と思ってできあがったものを見ると、かわいいとか、かわいくないとか、そういう観点で取り上げているんですね。

写真週刊誌を開いたら、おっぱいポロリの次に歩夢の写真が出ているわけ。私はこれには腹が立ちました。

「どう見たって安売りの女にしか見えないじゃねぇか。うちの歩夢をなんだと思ってるんだ。歩夢がこんなことでストーカーの被害にあったらどうするんだ。二度とこんなことはやめてくれ！」と週刊誌相手にぶち切れたんです。「訴えるぞ！このヤロー」って。

実際、校長にも相談したんですが、知り合いの弁護士に聞いてみたところ、「賠償金が取れたとしても裁判費用の方がずっとかかるよ」と。「それじゃあ」とリーグの事務局に連絡して編集部に警告するようかけあったら、「できません」の一点張り。コレは悔しかったですね。選手を守る意識に欠けているのも事実です。

テレビにしても、雑誌にしても、新聞にしても、うちの生徒の取材はいったん私のところに来るから、取材を受けるかどうかの判断はできます。

でも、常盤木学園を出た瞬間、私が行ってきた線引きを自分たちでやっていかなくてはいけない。18歳だから勘弁してください、というわけにはいかないんです。

「この選手を取材すると価値があるんだ」。そう思ってもらうためにがんばるのは大事なことです。でも、その価値の中身をきちんと見定められなくてはいけない。それが、ちやほやをコントロールするということです。


よく間違えるのは、規制するという対策です。

これまでずっと取材をし続けてくれたフリーライターが、全日本女子サッカー選手権の取材をしようとしてお断りされちゃうということが現実にあったりします。さびしいことです。

マスコミの規制ばかりが解決策じゃありません。規制をするのではなく、その代わりに何か問題があったときには注意する。リーグ側としての見解をきちんとマスコミに対して示す。それが、選手を守るということじゃないでしょうか。

マスコミに対し、守るというのは規制することではありません。

女子サッカー界においてはこれまで、選手たちも指導者の私たちも、ここまでのブームを現実的に経験したことがありませんでした。

だからこそ、ちやほやへの対策だとか、選手への指導というのも特にされてこなかったわけです。

私は、そうした指導を受けていない選手たちが、ちやほやによってつぶれていくことを心配しています。

これは女子サッカー界全体の緊急課題です。

リーグ側は規制という手段でもひとつでしょうが、しっかりとした態度で選手を守る。

そして選手はちやほやされたらその分、社会に還す。

こうしたことが大事なのではないでしょうか。

サッカー選手だけが道じゃない

この章の最後に書いておきたいことがあります。

たしかに常盤木学園は、なでしこジャパンや世代別の代表チームに選出してもらったり、なでしこリーグに所属して活躍する選手を多く輩出しています。

女子サッカー界を支えるすばらしいサッカー選手を供給する、それは私の目標のひとつで、私の務めでもあります。

ですが卒業生の中には、サッカー選手だけじゃない道を在校中に見つけて歩んでいっている子たちも多くいます。

私の何を見てそう思ったのか分かりませんが、将来はサッカーの指導者になりたい。そういう子もいます。

ピッチの中で能力を生かせる選手と、ピッチ外で生かす選手。私の務めは、それがどんな場所であっても、その選手の能力を生かしてやることだと考えています。

指導者は、常に選手の未来のためだけに尽くすことが大切です。そんな指導者こそ、いい指導者だと思います。目先の結果だけじゃないんです。

未来に向けて歩き出す多くの選手たちに、数々の経験を通して多大なエネルギーを与えてやるのが、育成年代の指導者の大切な役割だと思います。

第4章 阿部由晴の原点

夜遊び先生ならぬ夜回り先生

私が常盤木学園に赴任したのはいまから17年前（1995年）のことです。それはサッカー指導者としての腕を見込まれたからでもなんでもなく、生活指導教諭としてでした。

ちょうどルーズソックスがはやり始めていた頃で、チャラチャラしたのが仙台の駅前にふらふら増え出していました。

私は前の学校でも、生徒を叱るときに親を叱ったりしていました。いま考えると生意気なんですが、まぁ、親を叱る教師も珍しいっていうんで校長が引っ張ってきてくれたんだと思います。

いまも模範的な教師像からは大きく外れていますが、当時はもっとムチャクチャでした。

前に勤めていた学校は通信制の高校だったんですが、乱れた生徒も多くてね。繁華街の国分町に近いところに学校があったので、ギャル系の生徒たちは国分町に遊び歩いているかもしれないと勝手に思って、毎日といっていいぐらい当時あったディスコに通いました。でも、楽しんだりしたことは一度もありませんが。

目的は監視のためなんですが、そこはきちんとお金を払ってね、お客さんとしてです。高校生が出入りしているなんていうウワサを聞けばそのお店に行って、〝そのスジの人〟じゃないかっていうスゴんだ態度で「おい、店長！　おまえのところで高校生を入れてないか？　高校生を入れないでボトル入れろ！（笑）」なんて言ってね。それこそ毎日通うものだから、隠れて来る未成年者も入れなくて、どの店もお客さんが減って困っていたというような話を聞いたことがあります。

そんなことを続けていたので夜はいつも遅かったし、好きこのんで飲んでいるわけじゃないから毎日つらかったですね。給料以上に使ってしまって、毎月スッカラカンですよ。実家に住んでいたからまだよかったですが。

毎日学校が終わる頃には「今日も国分町に行くぞ」と、生徒に聞こえるように言ってね。そうすると「阿部先生に会ったらどうしよう」なんてことで、次第に国分町に行ったり、そこで働こうと思う生徒も減っていったと思います。

あるとき、卒業した生徒が「阿部先生に会うのが怖くて、国分町で働くことができませんでした」って白状するものだからね。「そうだったの。それはよかったね。で、どうしたの？」と聞くと「地元のスナックで働いていました」って。なんだ、その手があったか（笑）。

いま現在、このような対策は社会の中でしっかりと行われており、昔のようなことは少なくなってきています。

陸上部で全国一に

その学校では陸上部を教えていました。

定時制・通信制の大会（全国高等学校定時制通信制陸上競技大会）があるんですが、「がんばれば全国大会に行けるぞ」といって生徒にハッパを掛けてね。「3年後には全国で優勝する」なんていろんなところで言いふらしていたんです。そうしたら本当に3年後に全国大会で優勝しました。

定時制・通信制の大会とはいえ全国大会です。全国大会で優勝すると県知事から表彰していただけるわけですが、私らも県庁に招かれて浅野史郎知事（当時）にお会いしました。

知事は陸上が好きだから記録を見ればだいたいわかるわけです。それで「なんでこの記録で優勝なの？」なんて言ったあとに、「あ、そうか。定時制・通信制の大会だからだね」と言ったんです。私はその言葉にカチンときました。「だったら普通の学校から全国大会に行って、鼻を明かしてやるぞ」。そう、ひそかに誓いました。

実際、常盤木学園が2002年に全日本高校女子選手権で日本一になったときも県庁に行きました。よしよし知事に直接あのときのことを話してやろうと思ったら、たまたま公務で浅野知事が不在ということで、副知事が対応することになりました。

この副知事というのが、うちの校長とは先輩・後輩の間柄で、「非常にお世話になっているから、くれぐれも失礼のないように」なんて行く前に校長から釘を刺されました。そんなことだからあのときの話もできないまま、そのうち知事も退任されて、結局いまだに話ができずじまいです。

その学校には4年間いましたが、2年目にサッカー部（女子）ができたので、陸上部とサッカー部をかけもちすることになりました。部員も少ないから、陸上のメンバーが足りないとサッカー部から出すこともありました。

陸上部は成績を残したけど、サッカーの方はさっぱりでした。そもそも定時制・通信制の大会がなくて、高体連に届け出を出して、特別に出場させてもらったりしました。でも、全日制の学校相手にはやっぱり歯が立たなかったのを覚えています。

しかしこの子たちがすごかった。一生懸命に練習をするんです。その姿があるからいまの自分があるんだと思います。そんな意味でもこの子たちには感謝しています。

部員5人からのスタート

私が常盤木学園に赴任した当時（1995年）、サッカー部というのは存在しませんでした。ただ、Jリーグが発足（1993年）してしばらくの頃だったから、世間にはミーハーなサッカーファンが急増していまして、うちの学校にもサッカー同好会というのがあったんです。

どれどれそれじゃあ練習してみようかということで、同好会の生徒を集めて一度練習をしてみたんです。ところが、2回目からは同好会の生徒が一人も来ませんでした。その子たちにしてみればあくまで同好会だから、そんなに真剣に練習するつもりじゃなかったんですね。それで、わけもわからずに入部してきた新入生の5人だけが残ることになりました。そうしてサッカー部ができたんです。

だからサッカーがどうの、なんてレベルじゃない。ボールの蹴り方からのスタートです。

とにかく5人しかいないもんだから練習もままなりません。まあ、距離も近いからいいだろうということで、前任の学校のサッカー部に声をかけて一緒に練習をしていました。前の学校の選手たちを捨ててくるわけにもいきませんしね。試合には出られませんが、合宿もしました。あのときは楽しかったですね。そしてこのときに女子サッカーの指導の原点を築いていったんだと、いま回想するとそう思うのです。

目標は「日本一」

その頃の口癖は「日本一」でした。

「そんなことじゃ、日本一にはなれねえぞ。日本一はこうなんだッ」なんて言いながら練習をしていました。

周りは私のことをバカだと言って笑いました。「部員が5人じゃ大会にも出られないのに。なにが日本一だよ」って。いいですよ。その通りバカさ、大バカ野郎です、なんてね。チクショーって思いながら練習していました。

ところが、まだまだ私も未熟者だったんですね。たった5人のチームなのにチーム内に派閥ができてしまって、3人と2人に分裂してしまったんです。結局、2人の方が部を辞めることになりました。

次の年に入ってきたのは2人。2人が辞めて2人が入ってきたので、2年目も結局また5人でした。

部の創設から2年間、部員5人だったんです。試合に出られるようにと、ユニフォームまで買って待っていたのに。私としてはつらかったですね。

3年目にしてようやく12人になりました。

新入生の中には経験者も混じっていました。中学時代からサッカーをみっちりやっていたということで明らかに上手いんです。2年生、3年生よりも。

そうなるとこれまで一緒に練習していた部員たちからウソつきと言われるんじゃないかと不安になりました。「私たちに日本一、日本一って言っておきながら、私たちよりダンゼン上手いじゃないの!」なんて。

騙したつもりはないけれど、なんとかしなくちゃなぁと思いました。このまま放って置いたら「○○先輩」「○○さん」などと上下関係ができてしまう。しかも、上級生が上手いのならともかく下級生の方が明らかに上手いんだから、変なことになるぞ。上級生から見れば上手い後輩は面白くないし、新入生にしてみれば自分より下手な人間から理不尽なことを言われて腹が立つ。……これは困ったな、と。

5人のときの失敗もあったから、なおさらでした。いろいろ考えた結果、上下関係をなくすことにしたんです。

立派な小間使い

上級生には積極的に小間使いをやらせました。

「ボール磨きも、グラウンド整備も全部おまえたちがやれ。そして後輩に、最初から生意気な口をきかせろ。〇〇先輩なんて絶対に言わせるな。そんなくだらない上下関係なんか捨てろ。いいか。おまえたちが新しい歴史を作るんだ」、そういったんです。

彼女たちはみごとにやってくれました。サッカーは最後まで下手なままでしたが、そんな彼女たちがきちんとやりぬいてくれました。

それを見て1年生たちは日に日に上級生を尊敬し始めました。だって上級生が自分たちのために全部やってくれるわけです。威張ったりせず、グラウンド整備や練習の準備・後片付けなんかをやってくれるわけです。

自分がどういう状況にあったとしても、他人のために一生懸命やる。その姿は1年生の心を動かしました。1年生は心の底から上級生を尊敬しました。

他人のために自分を投げ出すことの尊さを、彼女たちは身を以て学んだわけです。

そして私に、人との関わり方の大切さを教えてくれました。まさにこの子たちは、現在の常盤木を作った立派な日本一の生徒たちでした。

教師、バスを買う

そこからじわじわとチームが強くなっていきました。

まだまだ考え方の部分でも甘さがあったし、結果は出ていませんでしたが、ここで自分たちがしっかりやることで、いずれ成果も出てくるだろうと信じて、みんな一生懸命がんばりました。

年々、部員も少しずつ増えてきました。女子サッカー部自体がまだ珍しかったから、面白い学校があるということで県外からも生徒が来るようになりました。

グラウンドもいろいろなところを転々としました。

すると、また新しい問題が浮上しました。練習や試合に行くときの移動です。自家用車では限界がありました。

悩んだ末にバスを買うことにしました。とはいえ、バスを買うほどのお金はありません。

お金を借りて90万円の中古のバスを買いました。なんだかんだで整備費・諸費を含めて120万円ぐらいかかったと思います。すべて私の借金です。

それを買ってすぐに学校に寄贈しました。「どうぞ生徒たちのためにお使いください」といって。……正直なことをいうと、私が所有しても維持費を払い続けることができなかったんです。

当時はほかに大型の免許を持っている職員もいなかったから、結局私がハンドルを握ることになりました。

常盤木バスのスピーチはこうして始まるのです。

怒りのモチベーション

1998年だったと記憶していますが、強豪校の聖和学園（宮城県）が高校女子選手権で優勝しました。そのときラジオのリポーターが「聖和学園は何がすごいのか？」

と言ったあとに、「県内・東北にライバルがいない中で全国優勝するというのはすごいことだ」と言ったんです。

ライバルがいない？　じゃあ、オレたちは何だろう？　と思ってね。悔しいなんてもんじゃありませんでした。

当時の私はいまよりもさらに未熟者です。生徒たちに八つ当たり的な指導もありました。

「おまえらがボヤボヤしてるから、あんなことを言われるんだ！」

生徒たちはキョトンとしていましたよ。「ナニ？　先生なんで怒ってるの？」って。コトの一件は説明をするのですが、生徒たちにとってみればたまったもんじゃありません。

ダメなんです。カチンときたら終わりなんです。

それは、いまもって変わりません。いつも自分は平常心でいなくては思うんだけど、いつまでたってもそれができない。感情の動物だからね、私は。それじゃ、いかんじょーとは思うけれど（笑）。

まだまだ修行が足りないようです。

ただ、私個人にとってこの怒りは大きなモチベーションになりました。

それが生徒に伝わったのか、2002年の高校女子選手権は決勝戦で聖和学園を倒して優勝しました。

このときは間違って優勝しちゃったんです。

神さまは無情

その後はお茶目な私のせいで4年間、準優勝に甘んじます。

シルバーコレクターだなんて呼ばれて、悔しい思いもしました。(最近もシルバーコレクターかな?)

一生懸命やっていても優勝しない。「実力では日本一」と周りから言われながらも最後の最後でコケる。そのうちに、これは神さまが与えてくれた試練だと思うようになりました。神さまが与えてくれた価値なのだから、逆らっちゃいけないんだ。そんなふうに思ったものです。

これは、東日本大震災を経験したこともあって、最近になってようやくわかったことですが、どうやら神さまには感情がないようです。

私たちが苦しいとかつらいとか、うれしい、楽しいというのは、神さまには関係ないんです。人間のような感情を持ち合わせてはいないから神さまなんです。

いま苦しいから、じゃあ次は喜びを与えてくれるのかといったら、そういうわけではない。苦しみを与えた次に、また苦しみを与えてくることもよくある。

もし神さまに感情があったら、こんなふうに次から次へと苦しみばかり与えるでしょうか。それこそ、たたみかけるように与えますからね。

こりゃどうも、神さまというのが本当にいるんだとしたら、感情なんかないんだな。人間がどう思っているのかということは、神さまから見ればたいしたことじゃないんだな。最近、そんなふうに考えるようになりました。

だけど、神さまは必要なものを与えてくれます。

そのときどきに私たちにとって必要なものを与えてくれるのです。

神さまはたしかに無情だけれど、そのチャンスを私たちに平等に与えてくれます。

信仰心があるとか、ないとか、そういうことは関係ありません。平等にチャンスを与えます。

でも、そのチャンス（メッセージ）が分かる人と、気づかないまま流してしまう人がいます。メッセージをきちんと受け止められるかどうかが、未来に進むカギなんです。

女子の指導は天職⁉

女子スポーツを指導して男子に移った人は「もう二度と女子なんか教えたくない」と言います。「あんなにたいへんな世界はない」と。

私も未熟者ですから、思い悩んだり、壁にぶつかることも多々あります。でも、「もう女子の指導なんてイヤだ」と、投げ出したいと思ったことはありません。

どうしてかな？と考えていたんですが、先日ようやくその理由がわかりました。

手相を見ることで有名なお笑い芸人の島田秀平さんに、テレビ番組の収録で会いました。それで私も手相を見てもらったんですが、島田さんがニヤニヤしながら「先生、スケベですね」というわけです。「え！そうなの⁉オレはスケベなんだ」なんてね。

でも、それで納得がいきました。

そうか、自分はスケベだから違和感がないのか。

女子の指導をしていて、つらいとか面倒くさいとか、ほかの指導者のような感覚はたしかにありません。つまり、スケベだから、苦もなく受け入れられたわけです。

「あぁ、そうか。スケベというのはいいこともあるんだ」と、改めて思いました。

だからつくづく思うんです。ほかの人が私をマネしようたって無理だって。

女子の指導に対して苦にならず指導を続けられるのは、言葉としては悪い表現かもしれませんが、本性がスケベだからなんです（笑）。

第5章　なでしこが咲き続けるために

チャレンジリーグに挑む理由

常盤木学園は現在、日本女子サッカーリーグ2部のチャレンジリーグに参戦しています。JリーグでいうところのJ2のようなリーグです。リーグ唯一の高校生チームとして2010年から参加し、クラブチームを相手にチャレンジリーグEASTにおいて2年連続（2010年・2011年）で優勝しました。

チャレンジリーグの上位チームにはなでしこリーグに昇格する資格が与えられるわけですが、常盤木学園の場合はそもそも高校生チームであり、学業をこなしながらでしこリーグに参戦することが現実的には難しく、リーグ参加のための金銭的な条件も私個人で負担するには無理があり、昇格することはできません。

なでしこリーグに昇格ができないにもかかわらず、そして学校生活の合間を縫って遠征（ときには鹿児島まで！）を繰り返すというとてつもなくハードなことをしてまで、どうしてチャレンジリーグに参加するのかといえば、それが私たち常盤木学園に与えられた「役割」だからです。

なぜ高校生のチームがクラブチームに混じってチャレンジリーグに参戦できるのか。それは、あえて厳しい言い方をすれば、クラブチーム間のレベルにあまりにも格差があるからです。強いチームと弱いチームの差がありすぎる。そしてその差は縮まるどころか、年々拡大しています。

こうした状況をほったらかしにしていても、リーグ全体のレベルアップが図れません。私たちが参戦することで、特に下位チームにとってのいい発奮材料になればいいと考えています。

つまり、私たちのチームは布石みたいなものです。

少なくとも常盤木学園と同等、それ以上の実力まで、ほかのチームもがんばってレベルアップをしてほしい。そのうえでそれぞれ運営できる体力を備えて、そのレベルをずっと維持できるのなら、そういうチームがいっぱい増えていったのなら、私たちはここ（チャレンジリーグ）にいる必要はないのです。

つまり、われわれは「基準」です。ほかのチームがこの基準をクリアしたら、わたしたちは必然的に用なしになる。ラ・フランス、洋なしです（笑）。

はっきりいえば、リーグに高校や大学のチームが入っていられること自体、私はおかしいと思います。我々なんかいられないような状況じゃなきゃ、ダメだと思うんです。そのためにほかのチームには、ぜひとも選手たちがサッカーに専念できるような環境を整備してほしいと思います。「常盤木、いい加減にしろよ。だったらうちも強くなるためにプロ化してやろうじゃないの！」。そういうチームがどんどん増えていってほしいと思います。

常盤木学園がチャレンジリーグに参戦した際、私は最初のインタビューでこう答えました。

「私たちはみなさんに選手を供給する側です」。

その真意は、「どうぞ私たちの選手を受け入れるための環境整備をしてください」ということです。うちの選手たちだけではありません。サッカーをやりたいと願う可能性のある子どもたちが、一人でも多くそれに専念できるような受け皿を作ってほしいと願っています。

私たちがチャレンジリーグに参戦するのは、サッカー界の未来に向けたチャレンジです。だから、ほかのチームが強くなって、私たちが勝てなくなり、このリーグから出ていくことになるというのはしかるべきことです。高校生なんだから。それぐらいの覚悟はできています。

でも、いまこうしてチャレンジリーグにいる以上は、私たちはやらなくてはいけないことをやり続けます。

ＩＮＡＣの独走を許すな、という前に

女子サッカーの選手はほとんどがアマチュアです。日中は働き、夕方から練習をしています。サッカーはしたいけれど、自分自身の生活基盤も築いていかなければいけません。どんなアマチュアスポーツにもいえることですが、働くということ自体、スポーツ選手たちにとっては大きな負担となります。

一方で、北京オリンピック、昨年のワールドカップ以降、選手のプロ化も少しずつ進んでいます。社業を免除された契約選手というセミプロのような形や、スポンサー企業の所属選手になるといった例も増え始めています。たとえばＩＮＡＣ神戸レオネッ

サの選手たちは選手全員がプロあるいはプロに近い形で契約しているため、日中に練習をしています。

プロとアマ。この違いは大きい。与えられた時間に対するサッカーへの取り組み方も、選手としての意識もぜんぜん違います。環境的な条件だけをみてもＩＮＡＣが強いのは当然なんです。

環境が良ければ、そこでやりたいと思う選手が増えるでしょう。一流の選手であればなおさらです。トップの実力を持つ選手がトップレベルのチームでやりたいのは当然です。

弱いところに行ってチームを引っ張り上げようという選手もいるかもしれないけど、本当に強い選手は本当に強い選手が集まるところに行って、その中でレギュラーを取ろう、活躍しようと考えるのが普通の選択だと思います。

「打倒ＩＮＡＣ」を掲げるのであれば、チームも、選手たち自身も考えた方がいい。自分たちはどうしてＩＮＡＣに勝てないのか、自分たちとＩＮＡＣの差はなんなのか。根本的な問題はどこにあるのか。

ＩＮＡＣと対等に戦おうとするなら、強さに結びつくさまざまな要素をＩＮＡＣと同じレベルにまで引き上げる必要があるでしょう。つまり、環境の整備です。

選手たちがサッカーに専念できるような環境を作り上げることで、選手個々のレベルアップにも繋がり、チームとしての連携も図られ、あるいは優秀な人材獲得にも繋がっていくでしょう。

選手たちも自分たちがよりよい環境でサッカーをやれるように、環境の改善をフロントに訴えるべきです。

もし、環境整備が不十分なチームが〝間違って〟いまのＩＮＡＣを破って優勝するようなことがあれば、それこそ日本女子サッカー界にとってピンチです。「厳しい状況の中でよくがんばったね。つらい状況を乗り越えて結果が出たんだね。環境はこのままでもいいんだね」、なんていうことになってしまえば、今後の日本女子サッカーの未来は暗い。私はそんなふうに思います。

身の丈にあったプロ化

日本の女子サッカーがもっと強くなり、レベルの底上げをはかるために必要なことは､端的に言えば「プロ化」です。選手のプロ化､チームのプロ化です。日本の女子サッカー界の未来を見据えたとき、女子がプロ化に進んでいくという方向性を、リーグとしてしっかりもっていかなければいけないと私は考えます。

もちろんお金の問題があります。

現状ではどのチームも、そんなにほいほいプロ化できるわけではないでしょう。だから私個人のシナリオとしては、Ｊリーグのチームが女子チームを持ち、プロ化に向かっていくことが理想です。

ＩＮＡＣはタレント揃いのチームということもあってたくさんのスポンサーがついていますが、ほかの独立チームも同じように体力をつけられるかといったら決してそんなに甘いものじゃありません。

現状多くのクラブチームは、地域の人たちががんばって支えていますが、それを何年も継続するのは大変なことです。

だからこそ、Jリーグのチームと一緒になって、スポンサーを集めて、ファンを集めて、環境を整えることが、継続的に女子チームを運営していく理想的な形だと私は思います。

神さまのお膳立て

今シーズンからチャレンジリーグに参戦しているベガルタ仙台レディースというチームがあります。東京電力女子サッカー部マリーゼが原発事故の影響で休部したため、ベガルタ仙台が所属選手を受け入れ、今年2月にベガルタ仙台レディースとして再出発しました。

準備会の会長には常盤木学園の松良由貴子園長（松良千廣校長の夫人）が就きました。奥山仙台市長からの推薦でした。最初に、市の方から直接この話を聞いたときはびっくりしました。「なんて粋なんだ！」って。

もし常盤木学園が自分たちのチームや学校の利益だけを考えたら、これはありえないことです。

ベガルタができれば当然、同じチャレンジリーグで戦うことになる。２０１０年はなでしこリーグ３位の強豪です。３連覇を目指すうちのチームとしても最大の壁になるでしょう。

でも、私の見方は違います。これはむしろチャンスです。目の前の結果を追うことだけを考えたらピンチかもしれない。でも、選手個々にとっても、チームにとっても、リーグにとっても、これはキーになるできごとです。

大局的にものを見たら、これは大きなチャンスです。新たなる女子スポーツ文化の理想型を宮城県から作っていけるかもしれません。

仙台市長から「レディースの準備会の会長には松良園長がふさわしい」という言葉を聞いたとき、市長がこういう感覚で見ているんだったらいいぞ、と思いました。

周りからも、常盤木学園もベガルタを応援しているんだ、だったら地域全体で応援しようという気運が自然発生的に高まりました。

多くの地元企業がスポンサーとして支援してくれました。

これこそ、神さまの最高のお膳立てなんです。

指導者・環境・ビジョン

今後はベガルタ仙台レディースも、プロ化の道に進んでいくことになるでしょう。プロ契約といっても、決して高いお金を積み上げる必要はありません。身の丈にあったやり方で、選手たちの生活が保障されるような、それぐらいのレベルでいいと思います。

男子の場合は高い契約金を勝ち取ることが自分に対する評価の証と考える選手は多いし、そういう野望を抱くことがモチベーションのひとつとしてあっていいと私は思います。

ですが女子の場合は、お金で動く人たちは少ないと私は見ています。お金が得たい人は結局、サッカーじゃなくてほかの世界に行くでしょう。純粋にサッカーをしたい人はお金じゃない。指導者や施設といった環境、そして自分が社会に対してどう貢献できるか、それに対してチームがどう考えているか、そういうところを見てチームを選びます。

つまり、いい指導者、いい環境、いいビジョンのチームに女子の素晴らしい選手が集まってくることになるでしょう。なんだったら給料はみんな一緒でもいい。年俸は公務員の給料並みに統一して、指導者・環境・ビジョンの差で選手たちがチームを選べるようなスタイルを構築するべきだと思います。

そういうシステムをJリーグのすべてのチームが持つ。そして男子の試合と同じ日にダブルヘッダーでゲームを行う。そうすれば、男子のファンだった人が女子も応援することとなる。女子のファンだった人が男子のファンにもなる。ファンの拡大が期待できます。

そうやって考えると女子のプロ化というのはそんなにも難しいことではないと思います。それを男子と同じようなレベルで考えると、まず無理だとなってしまう。そうじゃない、できる方法を考えてみようということです。それがうまく浸透していったら、日本の女子サッカーが、Jリーグの理念とともに歩んでいけるんじゃないかと思っています。

選手の育成

選手の強化が大事といわれますが、上がしっかり決まれば必然的に下もできあがってくるでしょう。そうしてできあがった選手を、Ｊリーグのチームを中心としてサポートしていけばいい。

女子のユースチームを持つという意見もありますが、その必要はありません。既存のサッカースクールとか、学校の部活動とか、そのレベルでいいと思います。それをリーグとして応援するという形で十分じゃないかと思います。

ユースチームによる選手の囲い込みの問題とか、コスト面の負担を考えると、私は必ずしもユースという育成方法が日本サッカー界の選手力強化にとってふさわしいとは考えていません。

男子の世界ではユースの選手をプロ選手並みにちやほやする光景を聞かされたことがあります。道具からなにからすべて周りが準備してくれる。〝上げ膳据え膳〟ですよ。それを子どもたちが当然だと思って受け止めてしまう。そうして基本的なことができないまま、サッカーの技術だけ覚えて大人になっていってしまいます。

もちろん、そういうチームばかりではないでしょうが、ちやほやされたまま間違った認識をもって代表選手になりました、なんて選手が多いのも事実です。

やはり日本人である以上、基本的な日本人としての生活習慣ぐらいはしっかりとしているることが大事だと思うんです。

なんのためのサッカーなのか。

サッカーのためのサッカーなのか、教育のためのサッカーなのか。

立ち返って考えてみる部分だと思います。

世界を見ていますか？

「世界で戦える選手を輩出したい」という指導者であれば、やはり少なくとも日本代表のレベルは把握しておかなければいけないし、アジア全体のレベルもチェックしておくべきでしょう。

私はアジアの大会にはできるだけ行って選手たちを見るようにしています。もちろん自費です。当たり前のことです。

もし選手を本気で育てたいのなら、それぐらいの出費はしなくちゃいけない。ライブで見るというのはそれだけの価値があるからです。

U-20の大会がロシアであったとき、視察に行ったのは私とノリさん（佐々木則夫代表監督）の二人だけでした。当たり前といえば当たり前ですね。日本が出ていなかったわけだから。当時は予選で負けて悔しい思いをしたものです。代表チームだから自分のチームとは関係がないといってしまえばそれまでかもしれません。それでも見ておく必要があると思ったから私は行ったわけです。

リーグで戦う

私のように海外まで自費で飛ぶ変人は多くないにしても、国内で行われる日本女子代表戦ぐらいは視察しておきたいし、もっといえば、協会もしくは日本女子サッカーリーグがなでしこリーグとチャレンジリーグのすべての監督を招待したっていいんじゃないかと私は思います。

選手を出しているのはリーグに所属するクラブチームなわけですからね。日本代表は「私たちの代表」なんだからね。選手を出している・出していないにかかわらず、みんなを集めるべきだと思います。

たとえば、「今日はみなさん、アメリカ戦の守備について話し合いましょう」とか、「日本の攻撃について議論しましょう」とか、そういうディスカッションがあっていいと思います。各チームの監督としても選手を出している以上、選手がチームに戻ってプレーすることを考えれば、日本代表の戦術・考え方というのを理解しておくべきですし。そういうことがレベルの底上げにつながると思います。

クラブチームと代表チームが、お互いに共有すべき強化事業をしっかりとつなぎ合わせることも大切です。

リーグには、身銭を切って苦労しながら、それでも女子を強くしたいと情熱を持って指導している監督がたくさんいます。

私の知っている指導者の中にも、ほとんど報酬はもらえず、自分の車を売り払って女子チームの監督を続けている人がいます。

女子サッカーを支える人の多くの指導者は手弁当でがんばっています。そういう指導者がもっとやりやすい環境を作り上げていくというのも、組織の役目ではないでしょうか。組織が役目をまっとうしようとしたら、もちろん指導者もいい選手を作り上げるという責任をまっとうしようとさらにがんばるでしょう。そうしたらいい選手もどんどん出てくる。子どもたちがサッカーにあこがれる。女子サッカーのすそ野が広がる。組織強化のための体力がつく。指導環境が良くなる……そんな、相乗作用がいい循環を作り上げていくのだと思います。

未知の世界に飛び込む

この本が出る頃、ロンドンオリンピックが開幕していることでしょう。現時点では、なでしこジャパンがどんな結果になるのかわかりません。

金メダルを獲ればもちろんうれしいですが、たとえ負けてもいいと私は思います。

今回のオリンピックは、日本がワールドカップを制して初めて迎える世界大会です。だからどっちに転んだとしても、私たちは未知の世界に対して結果に応じた勉強をすることになります。

アメリカもブラジルも、ほかの国すべてが、なんとかして日本に勝ってやろうと分析してきます。これまでとは違う姿勢で挑んでくる相手に対して、日本はどう相対するのか。これは未知の領域です。

負ければ克服するべき新しい課題が見つかります。勝てば非常に大きな責任が生まれてきます。優勝したあとはその責任をまっとうしなくちゃいけません。

優勝とはそのために「授かる」ものです。

優勝の責任

敗戦はチームを強く、個人を強くします。もちろん、その敗戦を指導者がきちんと受け止められればということですが。いつも「負けて当たり前だもんね」とへらへらしていたら、チームは永久に強くなりません。

敗戦はチームの弱い部分を見せてくれます。それを指導者がちゃんと見極めて、次までに修正ができるか。改善のためのヒントを与えてくれるのが敗戦なんです。

私たちは4年連続で準優勝をした経験があります。これが、常盤木学園の強さだと私は思っています。

だから私は、準優勝がけっこう好きなんです。


それでは、優勝をすることで生まれる責任とは何でしょう?


1回の優勝に留まらず、2連覇・3連覇を成し遂げるチームがあります。

どうしてそんなことができるのかといったら、それ(優勝)を通して何かを知ろう、真摯にメッセージを受け止めようとしているかどうかなんだと思います。

メッセージを受け止めるということに関していえば、サッカーをやっていただけじゃダメだし、教育ばかりやっていたカタイ頭ではできません。もっと広い視野で世界を見て、いろいろなことを吸収していかなければ、そのメッセージに気づくことはできないものです。

時代の流れの中で自分たちの結果をマッチングさせる。私たちの結果は、自分たちにとって、地域にとって、日本という国においてどんな意味があるのか。その結果に応じて私たちがこれから何をしていかなければいけないかということを考える。そういう感覚を持つことが大切です。

金メダルの責任

たとえば。今回のオリンピックで、もしなでしこジャパンが金メダルを獲ったら、一体どんな責任が生まれてくるでしょうか。

私はふたつあると思います。

ひとつは「社会整備への責任」、もうひとつは強さとは何かを伝えていく責任、つまり「強さの証明」です。

社会整備とは、先ほどから述べている女子サッカー全体の体制の問題です。今度のオリンピックでもし金メダルを獲ったら、いっそう女子サッカーの人気は高まるでしょう。なでしこ選手にあこがれてサッカーをやりたいという女の子も増えると思います。

そうなったときに、彼女たちを受け入れられるだけの基盤はしっかりしているのかどうかを精査し、無い以上は整えていくのが、大人たちの責任です。

世界が日本を見る目も変わってきます。各国の代表クラスが日本のリーグでプレーすることも十分に考えられます。世界のサッカー王国にふさわしいリーグの整備を、なでしこブームを追い風にして進めるべきでしょう。

解決策のひとつは、再三述べているように、Jリーグチームが女子のチームを持つこと。そして、彼女たちのプロ化です。

クラウン（CLOWN）＝本当の強さ

金メダルの責任、もうひとつは「強さの証明」と書きました。

強さとは、一体なんでしょう。

スポーツ選手は強さを求めます。強さを求めて、日々苦しい練習に耐え、一生懸命自分を磨きます。

でも、本当の強さというのはそれだけで得られるものではありません。


クラウン(CLOWN)という人たちがいます。トヨタのクラウン(CROWN)に乗っている人じゃないよ、サーカスなんかに出てくる道化師（CLOWN）のことです。日本ではピエロという呼び方の方が一般的ですが、ピエロはクラウンの中のさまざまな役割のひとつにすぎません。ピエロと聞いて思い浮かぶ赤い鼻をつけてカラフルな衣装をまとった道化師のことを、海外ではクラウンと呼びます。

人びとに笑いをもたらすクラウンは、ヨーロッパ社会ではものすごいステータスを得ています。自分をさげすみ、他人のお役に立つためにパフォーマンスを続ける姿にヨーロッパの人びとは尊敬のまなざしを向けます。

ところが、日本ではクラウン＝道化師、そこから大道芸人などを連想するのか、どうも社会的なステータスとしてはあまり高く評価されていません。

私が考える「強さ」というのは、クラウンの強さです。力のある人が自らをさげすみ、他人のために自らを下に見て、その力を惜しまず生きる強さこそが、本当の強さだと思うのです。

私はチームがだんだん強くなっていく過程を見守る中で、そのことに気がつきました。選手と接していることにより、選手たちから間接的に教えてもらったことです。やはり選手というのはたいしたものです。

サッカーの実力のある3年生が、入ってきたばかりの1年生のために小間使いをしたり、練習の準備をする。「パスくれッ！」といわれてもイヤな顔をしない。さらにこの行動をベースに進化し続けている。これが、常盤木学園を強くした大きな要因だと思います。

自分の弱さと向き合う

なでしこジャパンの選手たちは、どの選手もなるべくして日本代表に選ばれたんだと思います。鮫島彩も、田中明日菜も、熊谷紗希も。常盤木出身の選手だけじゃなく、ほかの選手もみんなそうです。

選手それぞれが、さまざまな試練と向き合ってそれを乗り越えてきました。

試練に向き合うのはみんなイヤなものです。できれば試練から逃げてしまいたい。人間にとって一番イヤなのは、心の中の自分の弱さと向き合うことです。誰だって自分の弱さを認めたくはありません。

勇気という言葉があります。たとえば、「バンジージャンプをやってきたぜ、すごいだろ」。……まあ、それも勇気の一部なのかもわかりませんが、本当の勇気とは自分の弱さを認められる心をいいます。

いま目の前に壁がある。

がんばっているのになかなかレギュラーが捕れない。大きなケガをしてしまってプレーができない。そういう選手たちは、いまが試練のときです。無情の神さまが与えてくれたチャンスのときです。

このときに、自分の弱さと向き合えるのも、本当の強さのひとつです。

自分の弱さを認めて、逃げることなく向き合うことで、無情の神さまがくれたチャンスを生かすことができるのでしょう。

DIADORA

第6章　時代を担うマザー・テレサたちへ

選手たちが教えてくれたこと

ここまでいろいろと書いてきました。

ですが、私も指導者としてはまだまだなんだと日々痛感させられています。

選手たちを見ていて、いまでもときどき、ハッと気づかされることがあります。

あるとき、選手たちがグラウンドに礼をしているのを見ました。よくよく観察するとやり方はそれぞれ違います。グラウンドから出るときにクルッと180度回転して深々と頭を下げる者、そのままの向きでちょこっと会釈程度に頭を下げる者、グラウンドに入るときにする者、やり方はバラバラでした。

私はそれまで、「グラウンドにあいさつをしなさい」なんて一度も教えた覚えはありませんでした。それで、なんでかなぁと考えてみました。

私は優秀な指導者ではないので、選手たちに対する口調もムチャクチャです。「なにやってんだ、バカヤロー！」「そうじゃない。コノヤロー！」「タコヤロー！」「イカヤロー！」……ついつい汚い言葉を並べてばかりで、手取り足取り丁寧に説明したりはしません。

そういうい加減な指導者ですから、選手たちは怒られてもその瞬間は「なぜ怒られたのか」がわからなかったりします。

しかし、練習後にグラウンド整備をしながら気がつくわけです。「あぁ、そうか。あのとき私はここが足りなかったから先生に叱られたんだ」。「あの、バカヤローはこういう意味だったのか」……。

選手たちはグラウンドに教えられているんです。私じゃありません。私は罵っただけです。選手たちはグラウンドを整える中で、自分の心を整え、その中からメッセージを受け止めたのです。つまり、選手たちはグラウンドが教えてくれることを知っているんです。

だからグラウンドに感謝の気持ちを持って頭を下げるんじゃないか、そういう結論に達しました。

子どもは感性が豊かです。いろいろなものを感じ取って、成長していきます。

長年の指導の中で、私は本当に多くのことを選手たちに教えてもらいました。

おじぎの文化

頭を下げるということでもうひとつ。

少し前に長友佑都選手（インテル・ミラノ）がゴールを決めておじぎをするパフォーマンスが話題になりました。おじぎというあいさつがイタリア人にとって「日本らしい」と映るからでしょう。この頭を下げるという文化は西洋にはありません。

なぜなら、歴史的に頭を下げることで殺されてしまうと西洋の人は考えるからです。だから彼らは握手をします。握手というのは素手を見せます。「銃を持っていないよ」を意味します。「あなたを殺す気はありませんよ」という合図です。

日本人は頭を下げておじぎをします。それは信用の社会だからです。相手のことを認める文化だからです。頭を下げることで「私はあなたを信用していますよ」という最上の敬意を表します。それがおじぎの本質です。

この文化を共有しているのは現在では韓国と日本ぐらいじゃないでしょうか？

国際化という名目のもとに、サッカーでは試合前に握手をします。私はそんな光景を見ながら、本質を忘れずにおじぎの文化を大切にしたいなぁといつも思っています。

レディーファーストの真実

レディーファーストという言葉があります。女性を立てる紳士的な行為のように解釈されています。

日本人は、特にオジサン・オバサン世代から上の人たちは、こういうことが苦手です。「3歩下がってついて来い」。そういう考え方がしみついているからです。

男尊女卑だ、古い考え方だといわれればそれまでですが、私自身はレディーファーストの方がよっぽど男尊女卑の考え方がベースにあるような気がしてなりません。

たとえば部屋に入るとき、レディーファーストの考え方では「さぁ、どうぞ。先にお進みください」といって女性を先に入れます。それを確認してから「大丈夫だな。よし、オレが行く」といって男性が部屋に入ります。

テーブルに着くときには「どうぞ先におかけください」といって座らせます。それを見て、「なんの仕掛けもないな。よし、大丈夫。オレが座る」。

食べ物が出てきたら「どうぞ先にお召し上がりください」といって先に食べさせます。それを見て、「よし、毒は入っていないようだな。大丈夫、オレが食べる」。

レディーファーストとは、そういう考え方です。

日本は逆です。「オレに何もなければ、あなたは来なさい」「オレが座って大丈夫なら、あなたはかけなさい」「オレが食べて平気なら、あなたも食べなさい」。

〝3歩下がってついて来い〟の本質は、弱い存在である女性を身体で守る武士の文化です。

こういう話を学校でしたら、ある生徒がこう言いました。

「じゃあ先生、うしろからやられたらどうするの？」って（笑）。

当時の日本社会では、卑怯・卑劣といった行為がありません。それを嫌う社会を作り上げていたんですね。だからうしろからやられることは少なかったと思います。

国民力をつけましょう

日本のすごさというのは、私たちの文化である修行をスポーツに置き換えることができることです。これは、本当に強みです。その観点だけでみれば、日本のスポーツは女子サッカーに限らずすべて世界ナンバーワンになる資質を持っている。そう、思います。

背景には武士道の考え方があります。

修行というすぐれた精神文化があります。

サッカーの話からどんどん離れていってしまうので、ここでは深くは掘り下げませんが、こうしたかけがえのない文化を持ちあわせているからこそ、日本人はそれを世界に示しながら、胸を張って堂々と戦ってほしいと思います。

ところが、心配になることもあります。

私は体育の教師です。授業の最初に毎回、腕立て伏せを10回やります。

見るとみんな申し合わせたように、ちょっと腕を曲げるだけでちょこちょこやっているわけです。「きみたち、ちょっと待て」。私は腕立て伏せを中断しました。

そこで生徒たちにこんな話をしました。

昔、常盤木学園にフランスから留学生が来たことがありました。

同じように授業の最初に腕立て伏せをさせたんですが、彼女はしっかりとやるんです。腕をきちんと曲げてね。胸が床につくぐらい、深く曲げて腕立て伏せをしているんです。

その子は運動の選手というワケじゃありません。日本に来たから特別素晴らしい腕立て伏せをしているわけでもない。彼女にとってはそういう腕立て伏せが当たり前なんです。おそらく、フランスでは周りのみんなもそうしているんでしょう。

それを考えるとぞっとしました。たかが腕立て伏せで、ふたつの国の間にこんなにも差があるんです。これが「国民力の差」です。

国民力は、誰でもない、自分たち一人ひとりに関係します。

私がサボれば、みんながサボる。私ががんばれば、ほかのみんなもがんばる。

だから、小さなことでも、一生懸命やりきることが大切なんです。

腕立て伏せも体操もランニングも、「一生懸命やりなさい」という理由はそういうところにあります。

あなたが腕立て伏せをしっかりとやる。それが国民力をつけることにつながります。

「もしね、日本の女子サッカーが金メダルを穫れなかったら、それはあなたのせいだよ」、目の前にいた学生をそうやって脅したら「ハイ！　ガンバリマス！」なんてわけのわかんない返事をしてね。がんばって腕立て伏せをするようになりました。

でも、そういうことを私たちみんなが毎日少しずつでも意識したら、本当に強くなると思います。

準優勝のママ

私は準優勝が好きだという話をしました。がんばったけど、最後の最後にダメだった。あそこでああやれば勝てたのに。なんであのときああできなかったんだろう……。

そういう反省があるから、人間は強くなれるし、チームも強くなります。

特に女子には準優勝の経験を積ませたい。

そして、将来結婚し、子どもが生まれたときに伝えてほしいんです。失敗したことを。そのときに何を思い、何を学んだかを。そういうことを教えられた子どもというのは安心です。それをヒントに、その叡智を糧にして、もうひとつ上を目指し、その結果優勝することができるでしょう。

母親は教えます。「そのうれしさを人に分け与えるのよ」と。

こういうのが準優勝の恩恵であり、これこそがまさにスポーツの力だと思います。


私には一貫した目的があります。

目標ではなく、目的です。

目標はその都度変わるし、設定の仕方もさまざまです。でも目的というのは、常に明確です。


私の目的は、偉大なる女性を育てることです。


私はサッカーの指導者であると同時に教師です。教師としての私は、サッカーを教育の手段のひとつと考えています。

女性としての役割をきちんとまっとうし、未来につなげる女性を育てることを、サッカーを通して行っています。

こういうとお叱りを受けることもありますが、女性の役割のひとつは母になることでしょう。

サッカーを通じて、寮での生活を通して、学校での授業を通して、将来偉大な母親となる女性を育てる、それが私の目的です。

サッカー部にはいま、55人の部員がいます。おそらく未来の日本代表チームを背負って立つ逸材もいるし、どうみたってサッカーでは大成しない子もいます。

だけどね。このできない子たちが大人になったとき、母ちゃんになったとき、子どもたちに素晴らしい指導をするわけです。その子どもは日本の総理大臣になるかもしれない。企業のトップになって日本経済を率いていくかもしれない。どうなるかはわかりません。

指導者は「いま」だけを見ちゃダメ、「未来」を見て指導をしなくちゃいけない。

そして、選手たちも自分の「いま」だけを見ていてもダメ、「未来」のためにいまを一生懸命過ごさなくてはいけない。

彼女たちは常盤木学園で3年間みっちりとサッカーをやり、人生を切り開くのです。

毎日、練習の最後にそれぞれが自主練習を勝手に行います。それぞれが課題を持って好きなことをやります。やめろというまでやめません。放っておくと朝までやるんじゃないかと思います。変人の集まりです。

1年生のときからレギュラーの座を射止める子もいれば、3年間一度もピッチに立てずに終わる選手もいます。そんなみんなが一緒に練習しています。いまはダメかも知れないけどあきらめずに続けるということがどれだけ大事なことか、できない子はそれを知っています。そういう姿をできる子はちゃんと見ている。だからいっそうがんばります。

それが好循環になって、みんなモチベーションが下がりません。

日が落ちても、照明のあかりを頼りに練習を続けます。

雪が積もってボールが雪だるまみたいになっても、ボールを蹴り続けます。

いまを一生懸命乗り切った先に、未来があることを信じています。

視線の先に、世界の子どもたち

私がいま考えているのは、アジアやアフリカの子どもたちのことです。アジアやアフリカには、いまもなお貧乏で満足に食べ物も口にすることができない子どもたちがたくさんいます。

ゴミの山に暮らし死と隣り合わせの状況の中で働く子どもたち、マンホールの中で寒さをしのぐ子どもたち、親が生きていくために売られていく子どもたちもいます。

好きなものをたらふく食べ、あれは旨い・これは不味いといい、もういらないからと食べ物を平気で捨てる。そのすぐ近隣の国で、こうした現実があります。

私は池間哲郎さん（ＮＰＯ法人アジアチャイルドサポート代表）の著作を読んで、この事実を知りました。

池間さんの本の中で、こんなエピソードが紹介されていました。

親に捨てられ、毎日腹を空かしながら死ぬか生きるかの生活をしている子どもたちに池間さんが聞いたそうです。「みんなは何がほしいんだ」と。そうしたら多くの子どもが「お母さんがほしい」、そう答えたそうです。彼らは母親に捨てられたのにもかかわらずです。

私にはその理由が最初、わかりませんでした。

しばらく考えているうちに、昔なにかで読んだ心理学の本を思い出しました。

その中では「欲求」についてふれられていました。

人間の欲求には段階があるそうです。原始的な欲求から順に「生理的欲求」「安全欲求」「愛情欲求」「尊敬欲求」「自己実現欲求」と、5つの段階を経ていくといいます。

最初の欲求、最も原始的な欲求は生きるための生理的欲求です。食べる、眠る、排泄するといった、人間が生きるために必要な基本的な欲求です。

人間の成長の過程で、次に現れるのが安全に安心して生活をしたいという安全欲求なんだそうです。安心して食事や睡眠が取れる環境がほしくなります。母親というのはその象徴です。一緒にいれば、母親がやさしく守ってくれる。だから子どもたちは安心して生活ができる。子どもたちが「母親がほしい」というとき、それは安心がほしいということなんだと、私なりに解釈しました。

自分がアジアやアフリカの子どもたちの母親になることができないのなら、せめてその子たちに「安心」を与えることができないだろうか。

雨風をしのいで安心して眠れる家、空腹に苦しまなくてもすむ暮らし、そういった安心をなんとか与えられないだろうか。

私が行って直接やるには限界があります。じゃあ、なにもできないかといえば、そうじゃないだろう。私たちには、サッカーがあります。

サッカーをすることでいただいた利益を、アジアやアフリカの子どもたちのために使うことはできないか。サッカーを見ることで沸き上がる興奮を、アジアやアフリカの子どもたちの生きる希望につなげることはできないか。

私一人にできることではない。そういう意識を持ったサッカー選手が一人でも多く生まれることで、それは大きな力になるでしょう。


私がなでしこのみなさんにいま期待することは、こうした社会貢献です。

自分たちは大好きなサッカーができて、それを見て多くの人が喜んでくれます。こんなに幸せなことはありません。

もし、そう思うのであれば、その与えられたものを、ほかの誰かに還元してほしいと思います。私はこんなに気持ちのいい思いをしたのだから、ほかの人も気持ちよくさせたい、そういう社会貢献のできる選手になってほしいと願っています。


繰り返しになりますが、私の理想は女子サッカーのプロ化です。

その本当の目的は、こういうところにあるんだと最近になって気がつきました。

男子のようにお金を儲けるんじゃなくて、女子にはどんなに有名でも、どんなにすごい選手でも、ギリギリの生活レベルを保てる給料をもらったら、プラスαの利益はみんなのために使うような選手になってほしい。お金の多寡では動かない、それが女性だと思います。

だからこそ、女子サッカーが先頭に立って利益還元社会のモデルを示してほしい。私は、そう願っています。

21世紀は女性の時代です。女性がイニシアティブを取り、ものごとを見て・考えて、新しい価値観を示していくことが求められていくでしょう。子どもたちの倫理観や道徳観というのはやはり、母である女性が築いていくものです。もし、自分の夫に対して「あなた、このぐらいはみんなのために使いましょう」という女性がいっぱい増えたらね、世の中はもっといい方向に向かっていくと思います。

雨ニモマケズの詩はこう続きます。

雨ニモマケズ
風ニモマケズ
雪ニモ夏ノ暑サニモマケヌ丈夫ナカラダヲモチ
慾ハナク
決シテ瞋《イカ》ラズ
イツモシヅカニワラッテイル
一日ニ玄米四合ト味噌ト少シノ野菜ヲタベ
アラユルコトヲ
ジブンヲカンジョウニ入レズニヨクミキキシワカリ
ソシテワスレズ
野原ノ松ノ林ノ蔭ノ小サナ萱《カヤ》ブキノ小屋ニイテ

東ニ病気ノコドモアレバ行ッテ看病シテヤリ
西ニツカレタ母アレバ行ッテソノ稲ノ束ヲ負ヒ
南ニ死ニサウナ人アレバ行ッテコハガラナクテモイ、トイヒ
北ニケンクヮヤソショウガアレバツマラナイカラヤメロトイヒ
ヒドリノトキハナミダヲナガシ
サムサノナツハオロオロアルキ
ミンナニデクノボートヨバレ
ホメラレモセズ
クニモサレズ
サウイフモノニワタシハナリタイ

そういうものに、なでしこたちにはなってほしいと願っています。

そのためにも、もっともっと私も勉強し、選手たちとともにいまを大切に、地に足

をつけて、しっかりと毎日を生き抜いていきたいと思います。

「やさしさこそが 大切で 悲しさこそが 美しい」

（山田康文／重度脳性マヒの15歳の少年が母親に宛てた詩の一節）

そんな言葉を次の課題としつつ、未来に向けて進みたいと思います。

阿部 由晴

あべ・よしはる

1962年秋田県生まれ。宮城県仙台市出身。小学校4年生のときにサッカーを始め、高校時代までサッカーを続ける。東北学院大学卒業後、教員免許を取得するため仙台大学に編入する。大学時代6年間に地域少年団のサッカーコーチを経験。指導者としてのキャリアをスタートさせる。95年常盤木学園高等学校に赴任。全日本女子ユース（U-18）サッカー選手権大会優勝3回･準優勝2回、全日本高等学校女子サッカー選手権大会優勝4回・準優勝5回、全日本女子サッカー選手権大会で高校生チームとして初の第3位になる。

構成／長谷川圭介

1976年、愛知県刈谷市生まれ。
北海道大学文学部卒業。広告制作の仕事を経て独立。雑誌・書籍・WEB等さまざまな媒体でインタビュー取材を中心とした記事の執筆を行う。

撮影／岩浪　睦

DIADORA

【なでしこの父】

初刷 —— 二〇一二年七月三〇日
第2刷 —— 二〇一二年九月三日
著者 —— 阿部由晴
発行者 —— 斉藤隆幸
発行所 —— エイチエス株式会社
064-0822
札幌市中央区北2条西20丁目1・12佐々木ビル
phone : 011.792.7130　fax : 011.613.3700
e-mail : info@hs-prj.jp　URL : www.hs-prj.jp
発売元 —— 株式会社無双舎
151-0051
東京都渋谷区千駄ヶ谷3・16・3 メイゾン原宿303
phone : 03.6438.1856　fax : 03.6438.1859
http://www.musosha.co.jp/
印刷・製本 —— 中央精版印刷株式会社
乱丁・落丁はお取替えします。

ISBN978-4-86408-934-0